靜

不藥而癒的
抒壓靜心術

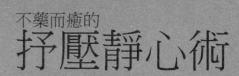

Soothe Your Heart

Healing Without Medicine.

心

今天，你發現了自己什麼弱點？

也許你在某一次的爭論中措辭過於尖銳，也許因為你的觀點過於偏激，所以不被接受。
每天晚上睡覺之前，反省一天的行為，將會讓你變得更加完美，讓你更加出色。

邵媛書 編著

永續圖書線上購物網　讀品文化事業有限公司

WWW.foreverbooks.com.tw　　　　　　　　yungjiuh@ms45.hinet.net

競爭力系列　47

不藥而癒的抒壓靜心術

編　　著　邱嫚書
出 版 者　讀品文化事業有限公司
執行編輯　林美玲
美術編輯　蕭若辰

社　　址　22103　新北市汐止區大同路三段 194 號 9 樓之 1
　　　　　TEL／(02) 86473663
　　　　　FAX／(02) 86473660
總 經 銷　永續圖書有限公司
劃撥帳號　18669219
地　　址　22103　新北市汐止區大同路三段 194 號 9 樓之 1
　　　　　TEL／(02) 86473663
　　　　　FAX／(02) 86473660
出 版 日　2012年11月

法律顧問　　方圓法律事務所　涂成樞律師
CVS代理　　美璟文化有限公司
　　　　　　TEL／(02) 27239968
　　　　　　FAX／(02) 27239668

國家圖書館出版品預行編目資料

不藥而癒的抒壓靜心術 ／ 邱嫚書編著. -- 初版.
　　-- 新北市 ： 讀品文化，民101.11
　　面 ；　公分. -- (競爭力系列 ； 47)
　　ISBN 978-986-6070-62-4(平裝)
　　　1.抗壓 2.壓力 3.生活指導
176.54　　　　　　　　　　　101018637

第 一 章
冥想靜心術
試著想像成功那天

　　11歲的英國小姑娘諾蘭參加了學校組織的「飛行與太空論文比賽」。當參賽的同學在圖書館紛紛的忙於查找資料時，她卻透過網路查到了英國海軍司令的地址，並寫了一封信，表示想借一架飛機到空中飛行。

　　7月的某一天，一架價值1400萬英鎊的山貓武裝直升機在師生們目瞪口呆中降落到了諾蘭所在學校的操場上，兩名駕駛員詳細地向小諾蘭介紹了飛機上的各種按鍵和飛機的性能。之後，飛機載著諾蘭在藍天上飛行。一天之間，諾蘭成了明星。能感動海軍司令並借到飛機這在一般人看來是想也不敢想的事情，但小諾蘭不僅想了，而且去做了並且取得了成功。

　　想要成功，我們就必須有敢於想像自己成功的膽量。成功伴隨敢想而來，敢想為成功揚帆起航，會想的人，不會鑽入牛角尖，不會走死胡同；敢的人，成功的機遇無處不在，他們隨時都在追尋目標，準備前進。

Soothe Your Heart
Healing Without Medicine.

讓我們放飛敢想的翅膀，

在求知的道路透過自己的努力不斷前行，

成功必定屬於你。

第二章
寬心靜心術
寬宥惹你生氣的人

寬容是一種積極的人生態度。

面對激烈的市場競爭和風雲突變的世界，一個人必須有寬闊的胸襟，才能保持良好的競爭狀態，褊狹和嫉妒只能使得自己的路越走越窄，最終走投無路。

比爾‧蓋茲的發跡是兼容思維的成功，是兼容戰勝專制的時代典範。一個時代有一個時代的特點，而今，時代的特點是兼容，不論是科技文化還是政治體制，誰不能把握和順應時代的主流，誰就不能把握創造和發展的機遇。

面對多元化的價值世界，面對兼容的時代特點，我們都應該認真反思我們人性中褊狹的陋習，鍛造一種適應時代特點的新人性──寬容。

寬容是深藏愛心的體諒，寬容是一種智慧和力量，寬容是對生命的洞見。

寬容不僅是一種雅裡、文明、胸懷，更是一種人生的境界。

Soothe
Your Heart
Healing Without
Medicine.

寬容了別人就等於寬容了自己，

寬容的同時，也創造生命的美麗，

用寬容的心來對待給我們壓力的社會。

第 三 章

專注靜心術

專心去做一件事情

Chapter

03

瑞瑟曾經問愛迪生：「成功的第一要素是什麼？」

愛迪生回答：「能夠將你身體與心智的能量鍥而不捨地運用在同一個問題上而不會厭倦的能力……你整天都在做事不是嗎？每個人都是。假如你早上 7 點起床，晚上 11 點睡覺，你做事就做了整整 16 小時。對大多數人而言，他們絕對是一直在做一些事，唯一的問題是，他們做很多很多事，而我只做一件。」

一個人的精力是有限的，所以你應該先做最重要的事，依次而下。只有當你專注於做對你來說最重要的事時，你才能更有效地使用你的精力。

徹底完成一件事後，再開始做下一件事才能提高效率。不是隨便什麼事情都要你投入相同的精力，分不清重點，一時東一時西，摸不清楚方向只會使你自己陷入混亂，降低效率。

Soothe
Your Heart
Healing Without
Medicine.

所以，專心去做一件事情，

你會發現你的工作將完成得更出色，

可以讓我們遠離壓力和困惑。

第四章
觀念靜心術
調整你的價值天平

　　價值觀就是我們對世界的看法。每個人都活在他自己的世界裡。今年是 2012 年，但是有人活在 1880 年、有人活在 1990 年、有人活在 2000 年、有人活在 2008 年、有人活在 2018 年，有人活在 2200 年……活在 2009 年之前的，例如活在 2000 年的人，是傻瓜，活在 2200 年的人，是瘋子，活在 2012 年的人，是你我，活在 2019 年的人，是統治者。

　　不管你活在什麼歷史時期，總之你沒有活在現在。不管什麼人，首先就得活著，活著之後才能談其他。一個人一旦去世，他所擁有的一切也就煙消雲散了。有句話說：「有意義就是好好活著，好好活著就是做很多有意義的事。」說白了就是做你想做的事情。

　　濟公活佛說的：「酒肉穿腸過，佛祖心中坐。」「酒肉穿腸過」，我們可以理解為你要好好活著，不要虧待自己，「佛祖心中坐」，可以理解為按照你的想法活著，就是活著的真實意義。要活得真實有意義，就要樹立正確的價值觀，調整我們的價值天平……

Soothe
Your Heart
Healing Without
Medicine.

現在的人大多為自己所累，被自己的觀念所累。

我們必須調整自己的價值天平，正確對待身邊的人和事，

這樣才能生活得快樂，安享心靈的寧靜。

第五章
體能靜心術
身體是心靈的依托

Chapter

05

　　時下，都市的人們都在談健康，如何才是健康呢？但是他們的工作方式卻完全處於健康生活之外：無休止的加班、不合理的飲食、缺乏鍛鍊和現今的生活環境和食品的污染……這些都是造成了大多數城市上班族的亞健康狀況的原因。

　　據分析：在快節奏工作的城市中，只有15％的人群是健康的，還有10％的人是生病的，而剩下的75％的人都是處於亞健康狀態。

　　如果注意生活和保養，使處於亞健康的人們可以變得健康，這是需要討論的。

　　如果您還是按以往不正確的生活方式，那麼很不幸的告訴您：您很快就會成為生病的一群，因為您的身體已經不能在經受一再的肆意揮霍了！

Soothe
Your Heart
Healing Without
Medicine.

要想讓我們的心靈處於一個無壓狀態，

首先我們應該擁有一個健康的身體，

擁有一個健康的精神狀態。

第一章
冥想靜心術
試著想像成功那天

積極的暗示，就是在困境中，自己對自己説「我做得到」，對自己説「我能做的更好」，對自己説「我要快樂地生活和奮鬥」。在人生的長河中，讓我們不斷幫自己打氣和加油吧，成功一定會降臨在堅信成功，腳踏實地的人身上。

試著想像　成功的那一天

　　一位心理學家想知道心態對行為會產生什麼樣的影響，就做了如下的實驗：他讓十個人穿過一間黑暗的房子，在他的引導下，這十個人都成功地穿了過去。

　　然後，心理學家打開房內的一盞燈，在昏黃的燈光下，這些人看清了房子內的一切，都嚇出一身冷汗。這間房子的地面是一個大水池，水池裡有十幾條大鱷魚，水池上方搭著一座窄窄的小木橋，剛才他們就是從小木橋上走過去的。心理學家問：「現在，你們當中還有誰願意再次穿過這間房子呢？」沒有人回答。

　　過了很久，有三個人站了出來，其中一個小心翼翼地走過去，速度比第一次慢了許多；另一個顫抖的踏上小木橋，走到一半時，竟趴在小橋上爬了過去；第三個人剛走幾步就一下子趴下的再也不敢向前移動半步。

　　心理學家又打開房內的另外九盞燈，燈光把房裡照得如同白晝，這時，人們看見小木橋下方裝有一張安全網，由於網線顏色極淺，他們剛才根本沒有看見。

「你們誰願意現在通過這座小橋呢？」心理學家問道。這次有五個人站了出來。「你們為何不願意呢？」心理學家問剩下的兩個人。「這張安全網牢固嗎？」這兩個人異口同聲地反問道。

很多時候，成功就像通過這座小木橋，失敗的原因恐怕不是力量薄弱、智能低下，而是周圍環境的威懾。面對險境，很多人早就失去了平靜的心態，慌了手腳，亂了方寸。

這就是暗示的力量，它可以影響一個人生理和心理現象，這樣類似的現象在生活中屢見不鮮，譬如早上起來，你發現自己的臉色灰暗，因此一整天都開心不起來；如果發現自己臉腫，會懷疑自己腎臟有問題，然後就會覺得腰痛。

國外一些醫生有一種「內視想像療法」，就是誘導病人想像自己身體中的癌細胞一點一點地消失，還有的是把樹立戰勝疾病的信心作為一個必備的條件，這些治療方法對發揮藥物的最大功效十分有幫助。

1900 年以前，德國有 100 多名勇士先後獨自一人做了「駕駛單座折疊式小船橫渡大西洋」的冒險，結果慘

15

遭失敗，葬身大西洋。然而，有一個人卻創造了奇蹟，他就是當時德國的一名精神科醫生林德曼博士。他事後回憶冒險過程，得出結論說：「在大洋上孤身搏鬥，最可怕的不是體力不支和風浪的襲擊，而是自身產生的惶恐和絕望！」他說，在航海過程中，他一直在內心深處鼓勵自己，相信自己一定能成功。他時刻在內心呼喚「一定要成功！一定要成功！」他就是用這樣的方式維持了自己的堅毅並戰勝了恐懼。

林德曼博士的自我鼓勵方法，就是一種心理暗示。心理暗示可分為積極的心理暗示和消極的心理暗示，像林德曼博士在航海冒險中的自我鼓勵，自信成功，就是一種積極的心理暗示。對人的情緒和生理狀態能產生良好的影響，調動人的內在潛能，發揮最大的能力。而消極的心理暗示則對人的情緒、智力和生理狀態都產生不良的影響。

人是十分情緒化的動物，人的一生主要受情緒的影響，善於控制自己的情緒，不要讓消極的暗示力量占著主導地位，因為這將會關係到一個人的人生走向。當遭遇困難和打擊時，我們應該對自己說：「我很堅強，我不會倒下。」這樣的心理暗示力量必將為你增添戰勝困

難的勇氣和信心。

　　一位運動員在獲得奧運會金牌後說：「奧林匹克競賽，對運動員來說，20% 是身體的競爭，80% 是心理的挑戰。」他的話是有道理的。由於高水準的激烈競賽，給人帶來緊張感和精神壓力，這種精神上的緊張和壓力又使人的生理發生變化，如動作不協調，肌肉和關節僵硬、不靈活，呼吸急促，心跳加速等。如果善於透過心理暗示來進行自我放鬆，調整機體內部心理狀態，使之達到最佳競技狀態，就能使自己正常發揮，甚至是超水準發揮。

　　一個年輕人曾經說過這樣的經歷：「面對一件事，一旦我的感覺告訴我這件事很困難，我就會想到放棄，不知道是不是害怕失敗；但放棄後，再回味時卻會感覺比失敗還難受。」其實，這就是心理暗示的結果。這位年輕人對自己實施的是負面的消極心理暗示。所以，當你想要打退堂鼓的時候，不妨對著自己說：「我可以做得很好」。

　　心理學家告訴我們：成功與否，全看你「心之所向」。給大腦正面的刺激——即「良性的心理暗示」，大腦就會活躍起來，產生連自己也意想不到的力量。成

功的美國企業家，大多不時地給自己良好的心理暗示
——我的運氣絕對是好的，我一定會成功的。自以為運
氣不好的人，往往因為這種定位給自己帶來負面的影
響，即自以為「運氣不好」的心態本身，使得自己的運
氣更趨惡化。換句話說，好運、成功不會不招自來的。

　　所以做任何事之前，都要確信自己一定能成功，
並有意識地找些事情來做，失敗了就想「下次一定能成
功」；成功了就對自己說：「看，我多棒，再接再厲，
下次一定會更好！」悲觀的人，在每一個機會中，都看
到某種憂患；樂觀的人，在每一次憂患中，都能看到一
個機會。

　　心理暗示的作用是強大的，有時會使人絕處逢生，
有時又會使人功敗垂成。莎士比亞說過：「一個人往往
因為遇事畏縮的緣故而失去了成功的機會！」畏縮的原
因就在於存在著不良的心理暗示。因此，我們應該訓練
自己進行積極心理暗示的能力，注意控制並消除一些消
極的心理暗示。

　　積極的暗示，就是在困境中，自己對自己說「我做
得到」，對自己說「我能做的更好」，對自己說「我要
快樂地生活和奮鬥」。在人生的長河中，讓我們不斷幫

自己打氣和加油吧，成功一定會降臨在堅信成功腳踏實
地的人身上。

心靈小測驗： 妳的金錢意向

多數人不會離開以下 5 種金錢觀的範圍之外。

一、熱衷購買新款商品的吃光用光型；

二、擺闊之後又極度渴望存錢的進退兩難型；

三、忙得幾乎沒有時間制定理財計劃的無頭蒼蠅
型；

四、心理上懼怕理財，甚至覺得財產管理是件麻煩
事的有心沒膽型；

五、盼望自己的財產能夠不斷升值，甚至把自己的
每一分錢都拿去投資的狂熱財迷型。

妳是哪一種呢？（女性專用）

1. 對於存錢和儲蓄，我的觀點是：

A、我知道我應該存點錢以備不時之需，但我往往會不自覺地
喜歡炫耀。

B、我嘗試著存錢，但可愛的溜冰鞋、新上市的小套裝之類的東西經常會誘惑我打開錢包。

C、我太忙了，沒時間去考慮存不存錢的事。

D、我經常擔心存的錢不夠多。

E、存錢是件好事，但更重要的是要用手上的錢滾錢。

2. 一次買彩券時居然中了5萬元的獎金，妳的第一反應會是：

A、我可能會到經常去的商場把心儀已久的數位電子產品或鑽石項鏈買回來。

B、我會拿出一部分錢存起來，剩下的就用來好好享受享受。

C、等我有空時，我會拿去做投資。

D、幫我一把吧，我沒辦法對這筆錢做妥善處理。

E、如果我拿去買股票或債券，10年後會有相當可觀的收益。

3. 在核對妳的記帳本時，你經常會發現：

A、支出一欄裡有很多條目。

B、在某些時段，我花得太多了，但有些時間維持在正常的水準。

C、我很少核對我的帳本，因為沒時間，但我盡力擠出時間去

記帳。

D、我總是小心翼翼，我有點擔心其中很多數字有出入。

E、我總是仔細計算我的利潤，檢查賺到了多少。

4. 一般妳處理不必要支出或計劃外花費的方法是：

A、我把自己的信用卡刷爆，這樣就可以避免不必要支出了。

B、在儲蓄前我通常會留一點現金來應付這樣的情況，但有時候這筆錢往往是被我買東西花掉的。

C、我一直在計劃設立一個「浮動基金」，但現在也還沒空開始實施。

D、我總會準備較多的錢來應付，但經常會想到：「這點錢夠不夠用啊？」

E、如果我突然需要現金周轉，我常常賣掉一部分股票。

5. 妳開始儲蓄將來養老的錢嗎？

A、什麼是養老的錢？我那麼年輕，不用太早考慮。

B、我已經開始了這個浩大的工程，但進展不大，常常是拆東牆補西牆，有時從每月儲蓄裡拿點出來存作養老金。

C、我一直想開始，但往往被其他事分心了，一直拖到現在還沒有開始實施。

D、早開始了，我害怕到我 65 歲前還沒有存夠養老的錢。

E、沒有，我覺得有更好的讓我到年老時還有錢花的方法。

6. 妳認為錢就是：

A、用來買好東西的必要工具，快樂的源泉。

B、有兩種用途，那就是「存」和「花」

C、我覺得研究它是什麼很無聊，浪費時間。

D、帶來壓力的源泉。

E、可以賺更多錢的一個基本要素。

選 A 較多：吃光用光型

妳覺得自己那些所穿、所戴、所用的東西是一種身份的象徵，妳狂熱地喜歡逛街，喜歡挑選、購買和擁有新的東西。

怎樣解決妳的問題：即使你把逛街當作一種休閒的方式，記住，身上不要帶任何現金只留車錢就好。如果能把信用卡也放在家裡那就更好了，這樣妳就不能買東西了。記住，一個星期存 1000 塊錢（只是少買一些東西），一年就有 48000 元的存款了。

選 B 較多：進退兩難型

妳的情況不太穩定，常常買完東西就後悔，緊接著再三分鐘熱度地存錢。妳知道應該存點錢，可是一旦一件新衣服吸引了妳的目光，馬上就會動用妳的存款了。

怎樣解決妳的問題：這類人需要避免接觸到現金，最好是拿出薪水的 10% 以上去投資或者制定規範的儲蓄計劃，然後嚴格地去執行。

選 C 較多：無頭蒼蠅型

妳每天的生活如此忙碌，所以沒時間細心關注妳的個人「財務」問題。常常收到很多催繳帳單，妳的收支一般比較混亂。

怎樣解決妳的問題：可以聘請專業理財師幫助妳管理妳的經濟。

選 D 較多：有心沒膽型

妳被煩瑣的細小帳目嚇怕了，從不真正喜歡存錢，常常把管錢的重任交給丈夫。

怎樣解決妳的問題：多讀一點理財方面的書，或者參加一個投資訓練班。由妳來決定存多少錢，買點合適

的股票，就不會對管理自己的財產沒有自信了。

選E較多：狂熱財迷型

妳存錢，是因爲十分希望能夠實現存款的升值潛能。妳對「錢生錢」的能力太樂觀了。

怎樣解決妳的問題：妳總是對自己的存款有太多的計劃，而且得到回報的週期可能較長。最好和專業理財師談談，讓他瞭解妳的財務狀況，再根據妳願意承受的風險提出相應的方案。

明確　你的目標

　　父子四人來到茫茫草原打獵，他們的目標是野兔。

　　在到達目的地，一切準備好正準備開始行動前，父親向三個兒子提出了一個問題：「你看到了什麼呢？」

　　老大回答道：「我看到了我們手裡的獵槍、在草原上奔跑的野兔、還有一望無際的草原。」

　　父親搖搖頭說：「不對。」

　　老二的回答是：「我看到了爸爸、大哥、弟弟、獵槍、野兔，還有茫茫無際的草原。」

　　父親又搖搖頭說：「也不對。」

　　而老三的回答只有一句話：「我只看到了野兔。」

　　聽了老三的話，父親高興地說：「只有你說得是對的。」

　　怎麼會是如此？因為只有老三的目標是野兔，這一點最明確。

　　老大、老二的精力都已經被獵槍、野兔、草原、爸

爸、哥哥、弟弟等等目標分散，而他們能夠放在野兔上的精力就只有老三的三分之一，甚至是六分之一。那麼百分之百的精力與百分之三十三、百分之十七的精力相比，差距很明顯的，前者是後兩者之和的二倍！

這就是目標明確與目標模糊的差別。有了明確的目標，才能為行動指出正確的方向，才會在實現目標的道路上少走彎路。事實上，漫無目標，或目標過多，都會阻礙一個人前進的腳步。要實現自己的心中所想，如果不切實際，最終可能一事無成。

夢想是每個人人生的動力，而目標明確則是啟動夢想的重要鑰匙，只要有了方向，生活態度與實際行動便會開始改變。

當人們付出無盡的辛苦之後，若是一無所得，探究其中的原因，幾乎都是因目標不明確而在不知不覺中陷入「原地踏步」或「盲目打轉」的泥沼。這時，人們多半都不是朝著自己的目標前進，甚至是在「騎驢找馬」的狀態中，不斷地重新開始而無法累積成果。

一位哲學家在郊外的一家農場發現：所有新插的秧苗排列整齊劃一，就像是排過隊一樣。他不禁好奇地問

農場主如何辦到的。

農場主要哲學家自己取一把秧苗插插看。哲學家捲起褲管，很快地插完一排秧苗，結果竟然參差不齊。

他再次請教農場主，如何能插一排筆直的秧苗，農場主告訴他，在彎腰插秧的同時，眼光要盯住一樣東西，朝著那個目標前進，即可插出一列筆直的秧苗。

哲學家依言而行，不料這次插好的秧苗，竟成了一道彎曲的弧形，劃過半邊的水田。他又虛心地請教農場主，農場主不耐煩地問他：「您的眼光是否盯住一樣東西？」哲學家答道：「有啊，我盯住那邊吃草的那頭水牛，那可是一個大目標呢！」

農場主說：「水牛邊走邊吃草，所以你插的秧苗也跟著移動，你想，這道弧形是怎麼來的？」哲學家恍然大悟。於是，他選定遠遠的一棵大樹作為參考。

成功的果實有時就如同田裡的種苗。你願意擁有一片縱橫排列整齊的漂亮成果，還是參差不齊、扭曲歪斜的結果？選擇後者，那麼就先要將你的目標明確下來。

在開始偉大志業的起點時，懂得確立每一個里程的目標絕對是極其重要的。沒有目標的人生或目標不斷飄

移的人生，所得到的結果正如哲學家所插的秧苗一般。明確的目標是夢想實現的階梯，只有朝著確定的目標行動，才有成功的希望。

有一匹馬和一頭驢是好朋友，牠們同在一家磨坊共事。馬兒每天都在外面奔波運送，驢子則在屋裡推磨。有一年，馬兒被別人相中，並被帶領到各地。

若干年後，這匹馬回到了自己的故鄉，重回磨坊裡會見驢子朋友。牠談起這些年旅途的經歷：「你知道嗎？我經歷了浩瀚無邊的沙漠、高入雲霄的山嶺、凌山的冰雪、熱海的波瀾，這些像神話般的境界……」

驢子聽了大為驚奇，讚歎地說：「你的經歷多麼豐富呀！那麼遠的路是我從未想過的！」

老馬低下頭沉思了一下，隨後由抬起頭笑著說：「事實上我們走過的距離是一樣的。當我不斷前進的時候，你同時一步也沒有停止過。我們不同的地方是，我與紳士的每段歷程都有明確的目標，也始終按照一定的方向前進，最終我們打開了廣闊的世界。而你總是在蒙著眼睛的狀態下工作，始終沒有明確的目標，無論如何也不可能走出這片天地。」

　　明確的目標不就像那方向盤一樣嗎？人生沒有了方向盤，人們便無法掌握前進的方向。只要有了方向，生活態度與實際行動便會開始改變，潛能也會跟著激發出來，一切正是為了完成自己的最終目標。

　　從某個角度上說，明確的目標就該如列車運行時刻表。時刻表上記載著本車次的啟程時間、運行時間和到達時間。明確的目標還必須規定出明確的完成期限以及應該達到的標準。

　　因此，擦亮你的眼睛找到目標、方向，然後大步前進，總有一天會到達你夢想的彼岸。

心靈小測驗：吃飯看出他的真性情

你的潛意識裡對觀念和概念的控制欲似乎和吃飯扯不上關係，但是有時候我們在吃飯的時候不經意間發出聲音，這些現象表現出對某些情況的控制能力。

　　A、吃飯幾乎聽不到聲音

　　B、輕聲細語

　　C、普通大的音量

D、響遍整個房間

A、吃飯幾乎聽不到聲音：好好先生型

這種人看起來既誠實又認真，不過這一切舉動都只是做給大家看的表面工夫。這樣的人會壓抑自己的意見，一味地配合別人，可說是個好好先生，人際關係雖然圓滑，卻不值得信賴。

B、輕聲細語：正直誠懇型

這種人的個性誠實而正直，但是卻總是不被人們重視，這或許是因為你身上缺乏擁有自我特色的「風格」吧！你將會擁有一個平凡、踏實的人生，對自我意見的表達能力還算普通。

C、普通大的音量：稍有個性型

這樣的人很懂得享受人生，雖然不敢做什麼大膽的事情，但是偶爾會做一點小壞事，要注意不要走錯一步，這樣的你無法脫離社會道德的壓力，如果自恃太高的話，很容易遭到失敗。

D、響遍整個房間：我行我素型

世俗規範對你來說完全沒有拘束力，因為你有自己的一套標準，和你自己對事情的獨特看法，不會受到其他人看法的影響。這樣的你很適合成為藝術家，最好快點認清自己的道路。

肯定 自己—否定自己—超越自己

　　一個年輕人去找自己的老師說：「老師，我覺得自己什麼事都做不好，沒有人看重我，我該怎麼辦？」

　　聽完年輕人的困擾之後，老師從手上脫下一枚戒指交給年輕人。然後對他說：「你到市集上把這枚戒指賣了，但價錢不可少於1個金幣。」

　　年輕人來到市集，便開始出價兜售戒指。但當人群聽了年輕人說最低價不能少於1個金幣後，市集上的人個個都哈哈大笑。

　　有的人說年輕人腦袋有問題，只有一位老太太告訴年輕人他要的價錢太高了。年輕人再走過市集，到處兜售戒指，但沒人肯出1個金幣。

　　年輕人垂頭喪氣地回來，對老師說：「老師，對不起，我沒照老師的吩咐把戒指賣出。也許我可以賣到2個或3個銀幣，但我覺得那不應該是這枚戒指的價值。」

　　「年輕人，你說得對。」老師笑著說：「你再去一趟珠寶店，沒人比珠寶商更清楚它的價值了。你問珠寶

商說我要賣掉這枚戒指，問他出多少錢再回來告訴我。」

於是年輕人按照老師的吩咐到了珠寶店。

珠寶商仔細看了戒指後說：「告訴你的老師，如果他想賣，我願意出 60 個金幣。」

「60 個金幣！」年輕人驚呼。並興奮地跑回去，把事情告訴老師。

老師對年輕人說：「你就像這枚戒指，珍貴、獨一無二，只有專家才能真正判定你的價值。你怎能期望生活中隨便一個人就能發現你的真正價值呢？」

人的一生是一個不斷爭取別人認同並進而獲得自我認同的過程。小時候，我們渴望父母的喜愛、學校裡老師的表揚，工作後希望得到老闆的賞識。我們努力奮鬥的事業，是在一個更廣大的層面上，希望自己的價值觀和自己的付出贏得社會的尊重和推崇。在他人的肯定中，我們發現和實現了自我。

但是，父母有自己的想法，老師有那麼多學生，老闆有自己的考量，能夠被社會大眾認知的只有極少數。想得到自己所期望的那些他人的肯定不是那麼容易的。所以我們要對自己好一些，嘗試著從局外人的角度來誇

33

獎、慰勞一下善良、勤奮的自己。就像上文我們提到的
那枚金幣一樣，只有珠寶店的老闆知道它真正的價值。
就像伯樂相馬一樣，別人根本看不出這匹是千里馬，只
有伯樂能夠看出來。姜子牙在溪邊直鉤釣魚很久，沒有
人發現他的才能，只有周武王瞭解他的才華。每個人其
實都是璞玉，只是沒有遇到賞識自己的伯樂而已。所以
要學會內在肯定。

　　內在的肯定是自我肯定。這種肯定是持久而強勁
的，是人的生命永不枯竭的動力。所以要學會讚賞自己、
鼓勵自己、要多關注自己成功的點滴，哪怕是一個小小
的進步！要成為自己，首先必須自我肯定。自我肯定就
是要每一個人明白他之為他的唯一性和不可替代性，因
此，每一個人必須忠實於自己，為自己的生命負責，並
真誠地立足於自己的生命去尋求人生的意義。不僅要學
會自我肯定，自我否定也是十分重要的。

　　不斷否定自己其實是對自己的一種心理認可和自
信，也是一個不斷認識自己的心理過程。人只有對自己
形成正確的認識，知道自己是一個什麼樣的人，能夠做
什麼，不能做什麼，他才能做自己的主人，獨立地做出
判斷和從事行動，才能夠不怕否定、批評和指責，有自

己內在的標準，才能夠不尋求讚許，不爲了得到讚許而喪失自我。能不停留在現在的安全感裡，敢於展現勇氣去追求自我實現。

這種不斷否定自己展現出來的自信，並不是某種固定的外在形式，而是一種內在的質量。只有那些懼怕失敗與否定、沒有自己人生優勢的人，才是真正的自卑，才會是對自己心理能力的一種徹底否定。如果你不否定自己的所謂內向，接納自己，提高自己不怕失敗、不怕否定的心理承受能力，漸漸地你就能真正自信起來。

看輕自我，其實是一種力量的尋找；看輕自己是一種智慧，並不是自卑，也不是怯弱，是清醒中的一種經營。人都是在失敗中不斷否定自己，然後認清自己，既而再次樹立自信的。

肯定自己，否定自己都是要達到更高的自己。所以，讓我們擁有肯定自己的自信，並且在成長中否定自己的批判精神，最終超越現在的自我，成爲更加出色的人！

心靈小測驗：測試妳的心理極限在哪裡

（女性專用）

計分方式：1-11題選擇A得0分，選擇B得1分，選擇C得2分，12-23題，選擇A得0分，選擇B得2分。

1. 妳的童年是什麼樣子的呢？

　　A、在父母的寵愛下度過的。

　　B、在相當孤獨的情況之下度過的。

　　C、我和父母的情感比較一般。

2. 妳現在的經濟能力如何呢？

　　A、收入不太高，但是一切夠用了。

　　B、收入相當寬裕，可以盡情地買奢侈品。

　　C、每個月都是月光族。

3. 下面哪一種情況，更符合妳在公司裡的處境？

　　A、讓妳和性情不同的人一起工作，簡直是活受罪。

　　B、我對新來的同事總是有防備之心。

　　C、大家都認為我很有團隊精神。

4. 睡不著的時候，妳一般會選擇：

A、服用安眠藥物，總之要讓自己睡著。

B、動用數綿羊大法。

C、睡不著就睡不著，起來上網或看影片都好。

5. 有公司的同事不打招呼就來到妳家的樓下，打電話說要上來玩，妳會怎麼辦？

A、非常生氣，震驚居然有這麼不懂得尊重別人隱私的人，想辦法拒絕掉。

B、雖然讓他們上來了，可是心裡還是很不愉快。

C、很開心地歡迎他們來家裡玩。

6. 妳和老公一起看電視，轉台時忽然看到一個妳很討厭的歌手在唱歌，可是老公卻表現出對他很有興趣的樣子，你會？

A、用手遮住眼，大叫太噁心，看不下去，要他一定轉台。

B、用別的辦法讓他轉台。

C、不說話，反正待會那個歌手就唱完了。

7. 最近幾次遇到不愉快的事時，妳的感覺都是怎麼樣

的？

　　A、我完全是走霉運，壞事不斷，一次比一次感到苦惱。

　　B、努力支撐一下吧，壞到極點總也有轉折點。

　　C、雖然有些不開心，但很快能堅持過去。

8. 覺得下面哪一句話是上司對妳最貼切的評價？

　　A、責任心超強，對沒有完成的重要事情，妳會吃不下飯，睡不好覺。

　　B、懂得顧全大局，善於團結大家的力量。

　　C、能力一流，最擅長開拓陷入困境的市場。

9. 如果需要換一個新髮型，一般妳會考慮去什麼樣的美髮沙龍呢？

　　A、先問同事或請朋友介紹一個熟識的美髮店，要有50％的成功把握你才去做髮型。

　　B、找一個比較有名的美髮店。

　　C、看心情，說不定哪天下班就隨便走進一家了呢。

10. 妳的身體情況如何呢？

　　A、只要有流行感冒，妳就會被感染到。

B、心情不好的時候，身體就會變得很差。

C、每年生一、兩次病是常事。

11. 如果在名品店購物時，銷售小姐卻對妳愛理不理，這時妳會？

A、找店經理投訴，一定要銷售小姐道歉不可。

B、很不爽，對她冷嘲熱諷，而且要朋友都不要到那裡買東西。

C、一笑置之，何必和她一般見識。

12. 晚睡兩個小時會使妳第二天明顯的精神不振？

A、會

B、不會

13. 看完驚悚片很長一段時間內，一直覺得心有餘悸？

A、是

B、不是

14. 常常覺得生活很累？

A、是

B、不是

15. 當錯過了一次電梯而需要步行上樓梯五分鐘時，會感到非常沮喪？

    A、會

    B、不會

16. 當與某位女友鬧意見後，會一直無法消除相處時的尷尬？

    A、是

    B、不是

17. 每到一個新地方，妳是否常常會出些問題，如吃不下飯、睡不著覺、拉肚子、頭暈等？

    A、會

    B、不會

18. 妳很偏食？

    A、是

    B、不是

19. 當妳與情人／先生發生不愉快時，是否曾想離家出

走？

　　A、是

　　B、不是

20.　在書上或報紙上看到一些疾病的症狀時，總覺得和
自己的現狀非常相像？

　　A、是

　　B、不是

21.　看到蒼蠅，蟑螂等討厭的東西會感到害怕？

　　A、是

　　B、不是

22.　常常因為想心事而躺在床上久久不能入睡？

　　A、是

　　B、不是

23.　在人多的場合或陌生人面前說話，是否感到窘迫？

　　A、是

　　B、不是

15 分以下：溫室裡的花朵女人

妳的心理承受力較弱，經不起突如其來的變故。這可能和妳一帆風順的經歷有關。

妳心靈脆弱，經受不住刺激，更經不起意外打擊，即使稍不遂意也使妳寢食不安，這是妳的一大弱點。建議妳主動擴大心理承受面，愉快接受生活挑戰。同時也要少想個人得失，因為應付困難的能力說到底是對個人利益損失的承受力。

16 分 ~25 分：外強中乾的知性女子

妳的心理承受力一般。

在通常情況下不會有什麼問題，但在大的變故面前就會有些麻煩，千萬別以為自己是可以承受一切的女超人，將所有問題都自己扛，事實上，妳只是習慣於承受壓力，但卻並沒有真正學會如何去消除緊張。最佳的辦法還是多學習自我放鬆之術，適量減少自己的各項事務，重新獲取生活的平衡。

25 分以上：美麗的鋼鐵女戰士

真不簡單，妳的心靈和自己認為的一樣強壯！像妳

這樣的女子，敢於迎接命運的挑戰。

　　而且有不平凡的經歷，能面對現實，對來自生活的衝擊也可以應付自如，隨遇而安。不過還是建議妳別讓自己太累太急，多點時間放鬆，才是保證每天都有好狀態的祕方！

認真聽取意見　　積極索取建議

　　也許你很優秀，但是你要知道，人無完人，別人的建議也很重要。一個建議的價值，有時還遠比數個誇獎還大。有這樣一個故事：

　　一個主人新蓋了房子，邀請大家來做客。來的人都誇讚房子漂亮，主人有眼光。這讓主人十分開心。

　　但是其中一位客人看見主人家的灶上煙囪是直的，旁邊又有很多木材，於是告訴主人說，煙囪要改曲，木材須移走，否則將來可能會釀成火災，主人聽了之後很生氣，心想：「我好不容易蓋好的房子，你卻跟我提火災，真是掃興。」於是，將那個客人趕了出去。

　　不久，主人家裡果然失火，四周的鄰居趕緊跑來救火，最後火被撲滅了，於是主人烹羊宰牛，宴請四鄰，以酬謝他們救火的功勞，但是並沒有請來當初建議他將木材移走，煙囪改曲的人。

　　有人對主人說：「如果當初聽了那位先生的話，今

天也不用準備宴席，而且也不會有火災的損失，現在論功行賞，原先給你建議的人沒有被感恩，而救火的人卻是座上賓，這真是很奇怪的事！」這番話讓主人頓時醒悟，趕緊去邀請當初給予建議的那位客人。

　　故事中的主人，只是一味地喜歡別人誇獎，而不願聽到不好的話，才導致了最後的失火。如果當初他能客觀的想想，聽取那位客人的意見，也許就不會出現這種事了。生活中有很多類似的事，當我們做一件事情的時候，總希望得到別人的表揚，不喜歡別人的批評。卻沒有認真思考那表揚的人也許只是應付你，而提出建議的人才是真正的關心你。

　　小馬對小趙和小李說：「我一定要離開這間公司！我恨透了這間公司！」

　　小李說：「好啊，我支持你。」

　　而小趙建議道：「我贊成你的決定，不過你現在離開，卻不是最好的時機。」

　　小馬問：「為什麼？」

　　小趙說：「如果你現在走，你的公司其實損失並不

大。不過，如果你趁現在還在公司的機會，拚命的去為自己拉客戶，並成為公司獨當一面的人物，然後再帶著這些客戶離開公司，公司才會損失慘重呢。」

小馬覺得小趙說得非常有理。於是努力工作。事遂所願，半年多的努力工作後，他有了許多的忠實客戶。

再見面時小趙問小馬說：「你還想跳槽嗎？」

小馬笑道：「老總已經跟我長談過了，他正準備升我為總經理，所以我暫時沒有離開的打算了，真的很感謝你當初的提醒。」

社會人是相互依存的，沒有哪一個人可以特立獨行，離群索居。進入社會，別人的建議是必不可少的。像故事中，如果小馬聽了小李的意見，選擇跳槽，那麼他可能就不會當上總經理了。而小趙從小馬個人的角度，真心的為小馬考慮後向他提出建議，才是真正的好朋友、好同事，值得終生交往。

對於那些指導性意見、合理化建議、真誠地諫言，不是人人都聽得進去。謙虛之人虛懷若谷，廣收博采，定會積極吸納並內化為自己的品格。頑固、過分自信的人不一定聽得進去，有的會聽而不聞，有的可能還會反

感甚至抵制。

聽不進去別人的意見和建議是人性的弱點。這些不同聲音有的觀點迥異，有的反對自己，有的則是態度中立，沒有虛心的情懷真是難以入耳。

古人云：「兼聽則明」、「聞過則喜」這些箴言不無道理，對於聽不進別人的意見和建議這一種人性弱點，就連鳥類也不例外。

鷹王和鷹后打算在密林深處定居下來，牠們挑選了一棵又高又大，枝繁葉茂的橡樹，在最高的一棵樹上開始築巢，準備夏天在這裏孵養後代。

鼯鼠聽到這個消息，大膽的向鷹王提出警告：「這棵橡樹不是安全的住所，它的根幾乎爛光了，隨時都有倒塌的危險，你們最好不要在這兒築巢。」

「嘿！我鷹王還需要鼯鼠來提醒？你們這些整天只會躲在洞裡的傢伙，難道能否認老鷹的眼睛是銳利的嗎？鼯鼠是什麼東西！竟然膽敢跑出來干涉本大王的事情？」

鷹王根本聽不進鼯鼠的勸告，牠還立刻動手築巢，並且當天就把全家搬了進去。不久，鷹后孵出了一窩可

47

愛的小鷹。

一天早晨，正當太陽升起的時候，外出打獵的鷹王帶著豐盛的早餐飛回家來。然而，卻發現那棵橡樹已經倒了，牠的鷹后和兒女都已經摔死。

看到眼前的情景，鷹王悲痛不已的放聲大哭道：「我多麼不幸啊！我居然把最好的忠言當成了耳邊風，所以命運就給予我這樣嚴厲的懲罰。我從來不曾料到，一隻鼴鼠的警告竟會是這樣準確！」

「輕視從下面來的忠告是愚蠢的，」謙恭的鼴鼠答道：「您想一想，我就在地底下打洞，和樹根十分接近，所以樹根是好是壞，有誰會比我知道得更清楚呢？」

不要總認為自己高高在上，無所不能，更不能目空一切，聽不進去別人的忠告。即使你有縱覽全局的雄才大略，相對來說別人只能做一些微不足道的小事，但尺有所短，寸有所長，一個人再有能力，也有失策的時候，虛心聽取別人的意見，永遠不會錯。

心靈小測驗：他的口頭禪是什麼

口頭語反映人的性格，從以下的口頭語，你可以加深對
說話者的瞭解。

 A、說真的、老實說、的確、不騙你

 B、應該、必須、必定會、一定要

 C、聽說、據說、聽人家說

 D、可能是吧、或許是吧、大概是吧

 E、但是、不過

 F、啊、呀、這、這個、嗯是

選擇 A：

 此人有一種擔心對方誤解自己的心理，此人性格有
些急躁，內心常有不平。

選擇 B：

 此人自信心極強，顯得很理智，為人冷靜，自認為
能夠將對方說服，令對方相信。

 另一方面，「應該」說得過多時，反映了有「動搖」

心理，長期擔任領導者職務的人，易有此類口頭語。

選擇C：

其所以用此類口頭語，是給自己留有餘地的心理形成的。

這種人的見識雖廣，決斷力卻不夠。很多處事圓滑的人，易用此類語。

選擇D：

說這種口頭語的人，自我防衛本能很強，不會將內心的想法完全暴露出來。

在處事待人方面冷靜，所以，工作和人事關係都不錯。此類口語也有以退為進的涵義。事情一旦明朗，他們會說：「我早估計到這一點」。從事政治的人多有這類口頭語。這類口頭語隱藏了自己的真心。

選擇E：

此人有些任性，因此，總是提出一個「但是」來為自己辯解。

「但是」語是為保護自己而使用的。也反映了溫和

的特點，它顯得委婉、沒有斷然的意味。從事公共關係
的人常有這類口頭語，因為它的委婉意味，不致令人有
冷淡感。

選擇 F：

常是詞彙少，或是思維慢，在說話時利用作為間歇
的方法而形成的口頭語的習慣。

因此，有這種口頭語的人，反應是較遲鈍的。也會
有驕傲的公務員有這種口頭語。因怕說錯話，需有間歇
來思考。

05

一天結束之前　別忘深刻反省

　　山上有兩間和尚廟，甲廟的和尚經常吵架，互相敵視，生活痛苦；乙廟的和尚，卻一團和氣，個個笑容滿面，生活快樂。

　　於是，甲廟的住持便好奇的前來請教乙廟的小和尚：「你們為什麼能讓廟裡總是保持愉快的氣氛呢？」

　　乙廟的小和尚回答：「因為我們經常做錯事。」

　　甲廟住持正感疑惑時，忽見一名和尚匆匆由外歸來，走進大廳時不慎滑了一跤，正在拖地的和尚立刻跑了過去，扶起他說：「都是我的錯，把地擦的太濕了！」

　　站在大門口的和尚，也跟著進來懊惱地說：「都是我的錯，沒告訴你大廳正在擦地。」

　　被扶起的和尚則愧疚自責地說：「不！不！是我的錯，都怪我自己太不小心了！」

　　前來請教的甲廟住持看了這一幕，心領神會，他已經知道答案了……

在生活中，往往我們為了保護自己而推卸責任或與人爭吵。然而，我們是否應從本身檢討一下，自己有沒有做錯呢？很多時候，認錯不但能表現出個人修養，反省自己激勵向上，甚至可以化暴戾為祥和。

反省就是檢查自己的思想和行為，並做出評價，進而改正過失。孟子曾說過：「仁者如射；射者正己而後發；發而不中；不怨勝己者，反求諸己而已。」仁者立身處也像射箭一樣，射不中，不怪比自己技術好的，只會從自身找原因。當今最具影響力的心理學家加德納強調內省智慧是多元智能中一種十分重要的智能。內省智能強的人能自我瞭解，意識到內在情緒、意向、動機，以及自律、自知和自尊的能力瞭解自己的優劣，謹慎地規劃自己的人生。

不過，很多人都缺乏自我省察的能力。為什麼？首先，是因為「道德無知」，對「是非善惡與好壞」的認識不清，不能分辨這件事應當做，不可不做；那件事不應當做，不可去做。例如，有時我們在沒有惡意的情況下說了一些話，卻令別人不開心，甚或傷害到別人，但我們對為什麼別人不開心，或受到傷害卻一無所知。

不肯反省，也因為不肯坦然面對過失。犯了錯，只

想遮掩，遮掩的方式很多，諸如狡辯、抱屈、怨天尤人、避免再提，說別人還不是這樣。總之沒有勇氣面對。原來人的意識常是對外的，總是把意識投向我以外的人和物身上，而很少會反身自問，例如我們很容易批評其他人，某某做得不對，某某是壞人，總是在品評他人時，遺忘了自己。

心理學上有個「歸因理論」，就是指人普遍有「防衛歸因」的情況。個人常把成功歸諸於自身內在之特質，而把失敗歸之於外在客觀環境。與別人發生衝突時，傾向將過錯歸咎他人，以保護個人的自我尊嚴。結果令自己無法有自知之明。道德的困難原來在於肯自我反省，肯承擔責任，不諉過於人，不訴外在環境。

反省其實是一種學習能力，反省過程就是學習過程。如果能夠不斷自我反省；並努力尋求解決問題的方法，從中悟到失敗的教訓和不完美的根源，並全力做出糾正，這樣就可以在反省中清醒，在反省中明辨是非，在反省中變得有睿智。生活隨時隨地都是我們學習的機會，孔子說：「觀過而知仁。」意思就是在日常生活中看見人家犯錯或者發現自己有過失，便做出深刻的反省，提醒自己不犯同樣的錯誤，有這種學習能力才能成

就真正的學問。

　　肯反省才會有進步。所謂：「智者事事反求諸己，愚者處處外求於人。」內部控制者比外控制者不但成績好、進步、輕快，而且日後的成就亦較大。所以自我批判能力愈強，往往智慧和精神境界都較高，較能創立偉大的事業，蘇格拉底、孔子、孟子、釋迦牟尼等傑出人物就是好例子了。內省能力的形成，標誌著受教育者自我教育能力已從不成熟過度至成熟。

　　反省應該是一個習慣，也是一個持續的過程，我們應該每天都在做這件事件。每天在睡前對自己做過的事情，進行總結、歸納，找出自己的不足之處。

　　你腦子裡應該經常浮現：

　　今天，你發現了自己什麼弱點？

　　對抗了什麼感情？

　　抵禦了什麼誘惑？

　　獲得了什麼美德？

　　晚上，在熄燈之前，回想這一天的言行，不要允許任何東西逃過你的反省。也許你在某一次的爭論中措辭過於尖銳，也許因為你的觀點過於偏激，所以不被接受。

　　每天晚上睡覺之前，反省一天的行為，將會讓你變

得更加完美，讓你更加出色。

心靈小測驗：測試妳的大小姐脾氣

1. 妳常遲到嗎？

　　A、幾乎不曾→ 2

　　B、經常→ 3

2. 喜歡國語或數學科？

　　A、國語→ 4

　　B、數學→ 5

3. 蛋糕與仙貝喜歡哪一種？

　　A、蛋糕→ 6

　　B、仙貝→ 7

4. 喜歡朝陽還是落日？

　　A、朝陽→ 8

　　B、落日→ 9

5. 不喜歡聽別人的命令做事？

　　A、是→ 9

　　B、否→ 11

6. 別人的生日舞會妳會帶什麼去慶祝？

　　A、花束→ 9

　　B、遊戲類的小道具→ 10

7. 旅行時一定會帶？

　　A、藥→ 10

　　B、糖果→ 11

8. 有三個以上的知心好友？

　　A、是→ 12

　　B、否→ 14

9. 覺得家事是女人應該要學會的嗎？

　　A、是→ 12

　　B、否→ 13

57

10. 覺得自己跟異性還是同性朋友較合得來？

A、異性→ 13

B、同性→ 15

11. 當看到暗戀的對象在講手機，第一個想法是？

A、一定是跟其他美眉在哈拉→ 14

B、跟朋友約見面的時間地點→ 15

12. 開心或生氣會表現在臉上嗎？

A、會→ B 型

B、不會→ A 型

13. 跟男友約會，比較喜歡去？

A、公園散步→ A 型

B、遊樂場開心玩樂→ C 型

14. 突然有意外的收入妳會？

A、存起來→ B 型

B、買喜歡的東西→ D 型

15. 有沒有兄弟姊妹呢？

A、獨生子或最小的→D型

B、有兩個以上→C型

A型：

在愛情上，妳保持著羅曼蒂克的情懷，不論對誰都很友善，很為別人著想，總是默默在一旁付出，妳的好，只有身邊親密的人才看得到。如果要說小姐脾氣，妳也是那種有教養的小姐，有禮貌知分寸，不會無理取鬧，但只要妳決定想做的事，就絕對沒有人可以阻止妳，是個非常有主見的人。

B型：

妳不但沒有大小姐脾氣，而且母性很強，常常操心很多事情，對日常生活或理財都非常謹慎小心，很善於照顧別人，由於妳太過能幹的個性，反而讓喜歡妳的人不敢接近；也由於妳理性的態度，有時不免缺乏情趣，妳嚴謹的生活方式有時會給對方帶來壓力，建議妳對喜歡的人不要太過主動，讓他發現妳小女人的一面，偶而

發點大小姐脾氣是必要的，不過，放輕鬆一點，其實妳
也可以享受一段甜蜜浪漫的戀情。

C型：

要預測妳的大小姐脾氣什麼時候發作，我想可以參
考天氣預測吧。因為妳的個性就像氣象一樣陰晴不定，
完全看心情做事，心情好的時候，周圍的人都有福；稍
微情緒不對的話就會要任性，周圍人就遭殃，也因為妳
太隨性，所以容易樹敵，這點要多加注意才是。

D型：

妳喜歡受到寵愛，而且超會撒嬌，常常想要人保護；
是標準的小女人，依賴心強、軟弱、容易受傷。由於妳
的個性，所以常成為異性追求的目標，不過也因為這樣，
妳很自然地成為同性攻擊的對象，會覺得妳做作，故作
姿態。妳的大小姐脾氣只對異性有用，而且效果極好，
但太常使用會讓對方感到厭煩，周圍的人也會反感，所
以要稍微克制一下才是啊。

第二章
寬心靜心術
寬宥惹你生氣的人

海是寬闊的，比海更寬闊的是藍天，比藍天更寬闊的就是我們的心胸。一個心胸寬闊的人不會為了這種小事斤斤計較，大發雷霆。這就是一個心胸開闊的人與一個永遠也不甘心讓自己吃虧了的人的不同表現。

01

用豁達的心態　為人處世

　　古人說過：「海納百川，有容乃大；壁立千仞，無慾則剛。」

　　以寬宏大度的態度去對待別人，是一種美德、一種風度、一種仁愛無私的境界。我們在社會上生存不要狹隘，要學會豁達。

　　古代聖人，胸懷寬廣，他們為崇高的理想而付出，以天下為己任，「先天下之憂而憂，後天下之樂而樂」。視名利淡如水，把榮辱化煙雲，遇挫折不灰心，逢得意不輕浮，處逆境仍從容，有「采菊東籬下，悠然見南山」的心境，有「山臨絕頂我為峰」的瀟灑，有「梅花傲雪姿更艷」的高潔，成就了他們流傳千古的佳作。

　　相反的，古代那些心胸狹窄的人，妒忌、自私、鼠目寸光，為了區區小事斤斤計較。他們今天害怕誰超越自己，明天又擔心誰走在他前頭，一生不得安寧。更有甚者，在嫉妒心驅使下誣陷好人，壞事做盡，他們縱然得勢於一時，最終只能使自己成為孤家寡人，必定逃脫

不了歷史的懲罰。

　　唐代奸臣李林甫知道自己在朝廷中名聲不好，凡是大臣中能力比他強和受到唐玄宗重視的官員，「必欲百般去之」。

　　他陰險狡詐，表面上甜言蜜語相結交，背後卻陰謀暗害，時人稱他「口蜜腹劍」。

　　同時為相的張九齡、裴耀卿、李適之等忠臣先後被他排擠罷相。為了專權固位，他竭力阻塞言路，誣陷好人，屢興大獄，排除異己。

　　李林甫當了十九年宰相，一個個有才能且正直的大臣全都遭到排斥，或殺或貶，一批批鑽營拍馬的小人都受到重用提拔。他死後，人們都罵他「死有餘辜」。

　　心胸狹隘的人不會有很好的結果，往往是害人害己，最後落得被眾人唾罵的下場。人生像一首詩，有甜美的浪漫也有嚴酷的現實。面對世事沉浮想要「勝似閒庭信步」，就得有豁達的襟懷。

　　豁達能為自己帶來愉快，而狹隘卻只能讓自己更加痛苦。

　　一個孩子受了批評後跑到一座山上，對著山谷大喊：「我恨你！我恨你！我恨你！」

　　這時，這個孩子聽到從山谷的那邊也傳來同樣的一個聲音：「我恨你！我恨你！我恨你！」

　　孩子害怕了，他跑回家對媽媽說，山谷裡有一個壞孩子跟他作對。

　　媽媽微笑著把孩子重新帶到山上，讓孩子對著山谷大喊，「我愛你，我愛你！我愛你！」

　　只聽得山谷也大聲回應：「我愛你，我愛你！我愛你……」

　　其實，當你豁達的對待別人的時候，別人也會同樣豁達的對待你。力是相互的。就像那個孩子一樣，他不願意放棄被批評的苦惱，得到的是更多的「苛責」。而當他放下自己的煩惱的時候，他得到的是愛的鼓勵。

　　與其抱怨世事繁雜，與其和親人朋友慪氣，與其做那些親者痛仇者快的事情，那還不如嘗試著用豁達去撥開雲霧，眺望晴空。那麼天底下的美景還有什麼你看不到的呢？

　　《魯賓遜漂流記》中，魯賓遜孤獨一人流落荒島。

那兒沒有人，沒有衣物，沒有住所，而魯賓遜卻堅強地活了下去，他親手建起小屋，還在屋子旁種了糧食，最終得以回到祖國。

如果魯賓遜只坐在荒島上怨天尤人，我想他必然會死在荒島上。以豁達的心情面對生活，生活中將處處是陽光。

在我們面臨困頓，身陷人生低潮之時，若我們畏縮，懼怕，奢望逃避，那只會令我們越陷越深，找不到方向。

凡人畢竟不是聖賢，如果說逃避也是一種態度，那我們何不豁達一些，坦然接受。想起普希金說的，陰鬱的日子裡須要鎮定。那麼面對挫折，我們應該說：「人生狹隘之處要豁達。」

豁達的人是不自私的，是博愛的。有的人，真是無所畏懼，敢想敢說敢做，可是他只愛他自己，從不關心別人。頤指氣使，身邊人都是他的奴僕。這樣的人不僅與豁達無緣，也很容易成為人們批評的矛頭。

豁達的人是不物質的。

現在的人都愛金錢，適當地，他知道這個世界永遠有比鈔票更重要的東西。服裝、首飾都只能裝飾人的外

65

表。只有有了豐富的精神內涵，才能獲得永遠不會老去的美麗與優雅，變得更加出色。

豁達的人是不俗氣的。要清楚地知道自己想要什麼，也知道在什麼時候適當地放棄。不要在同別人的攀比中過日子，也不會整天跟在別人後面孜孜以求地趕時髦。在各領風騷沒幾年的流行面前，要有更多的理智和冷靜。

豁達意味著對自己的精神有著充分的自信。同時，豁達也意味著能夠拋棄個人恩怨。豁達讓我們更輕鬆也更出色。

豁達的真正境界意味著你能超越別人，但是又能原諒別人。豁達的境界意味著你能夠部分地擺脫人性弱點，並且在這基礎上以超然的態度去對待周圍的人和事。面對生活的得與失，我們應該生活在豁達的心境中。

當然，我們也應該明白，所說的心寬廣並不是無原則的遷就，也不是主張善惡兼容的與不良思想行為和平共處，而是要在道德規範的基礎之上相互諒解和支持。

要把對別人的寬容與對錯誤的批判統一，面對違反原則的言行，不姑息縱容。這樣，我們才能保持健康的心胸，建立純潔的人際關係。

　　海是寬闊的，比海更寬闊的是藍天，比藍天更寬闊的就是我們的心胸。一個心胸寬闊的人不會爲了這種小事斤斤計較，大發雷霆。這就是一個心胸開闊的人與一個永遠也不甘心讓自己吃虧了的人的不同表現。

　　總而言之，我們應該學會心胸寬廣、寬以待人、寬以容人，不要事無鉅細都「往心裡去」。如果我們能夠擁有寬廣、豁達的心境，遇事能做到「想得開、拿得起、放得下」，就能驅散憂慮、恐懼、煩惱、苦悶等縈繞心頭的烏雲，精神輕鬆而愉快。

心靈小測驗：你的慾望指數

冬天的滑雪場上，有一個人正在斜坡上滑雪。前面有一個凹陷的洞，一隻巨大的熊正在洞穴裡冬眠……可是，這個滑雪者卻對這一切渾然不知。請問，這個人的下場會如何？

　　A、掉到洞裡遭熊攻擊

　　B、輕鬆地跳過洞穴

　　C、有人告訴他有危險而轉變方向

D、在到達洞穴之前突然滑倒

選擇 A：

你的慾求不滿度似乎很高，每當有麻煩事發生時，你就會把過錯往對方身上推。而且，因為你老是愛往壞的地方想，因此，有的時候明明有好轉的跡象，也會變得非常糟糕而無法收拾。

選擇 B：

這種人相當勇敢果斷，對自己的努力與才能也很有自信，遭遇到挫折反而會激起內心的戰鬥意志，這種人慾求不滿度相當低。

選擇 C：

你的身邊有許多熱心助人的朋友，只要你有困難，他們馬上會義不容辭地向你伸出援助之手，你是那種有貴人相助的人。

因此，這種人的思考方式很樂觀，即使有慾求不滿也能夠很圓滿地化解開來。

選擇 D：

這種人喜歡做美好的白日夢，他們似乎對算命這一類的事情抱有相當濃厚的興趣，很重視運勢及運氣這種東西，認為諸事不順都是運氣不好惹得禍。

02

控制怒氣　否則傷神又傷人

　　憤怒情緒在所難免，如果經常和相伴你就會痛苦不堪。不過我們卻也能從別人身上發現這種情緒，因為憤怒情緒會引起身體的一些變化。

　　演員可以模仿各種各樣的情緒，一個好的演員能很好克制自己的情緒。就像我們經常會讚歎一個演員在三秒鐘之內就會落下淚，然後在接下來的幾秒又能開心大笑一樣，優秀的演員就是有這樣的本領，可以在短時間內表現出人的喜、怒、哀、樂，而稍差的演員就做不到這些，所以我們可以根據這方面來判斷一個演員是不是好演員。

　　在情緒方面，哈佛大學的 W・B・ 坎農博士就一直堅持不懈研究，他發現了憤怒情緒在人身上其實有好多細微顯現。他曾經把這些表現列出了一張紙，列出憤怒的主要表現就是：臉部皮膚發紅、眼瞼處增寬、嘴唇和下巴收縮變緊，拳頭緊握、嗓子乾燥，甚至聲音都會顫抖。如果你身邊的人有上述表現，那他很可能就是處在

憤怒情緒裡。

當然了，除了表面上的原因，憤怒還會表現在身體的內部，變化也更加明顯：當你生氣時，你的血液比任何時候都要凝固得快。不過這種變化對人體是有益的：因為人在憤怒時往往會傾向於鬥爭，而鬥爭往往又會有受傷、流血的事情發生，血液的加速凝固正好會對這個情緒下的人們身體有益。

還有一個有趣的生理現象是：在你憤怒的那一瞬間，循環系統中的血細胞數量會增加。另外，當一個人憤怒時，血液會自動遠離消化道。看來，這是上帝不允許災害和憤怒狼狽為奸，所以採取的一些保護措施。

不過，可千萬不要以為壞情緒對健康有利。事實上，憤怒會給人的身體帶來可怕的危害。人在憤怒的時候心跳會明顯加快，直到憤怒情緒散去後心跳才會恢復正常；憤怒時血壓會一下子升得很高，可能會帶來非常可怕的後果。比如，血壓突然的升高而可能導致大腦血管的破裂。

憤怒情緒不僅會使人的心血管系統發生變化，甚至還會促使心臟病的發生，威脅人們的身體健康，這種現象在我們的生活中屢見不鮮。

　　英國最著名的生理學家之一約翰‧亨特就是一個脾氣極其暴躁的人。更糟糕的是，他還有嚴重的心臟病。

　　他經常和他周圍的人調侃說：「誰要是想殺掉我，只需激怒我就可以了。」有好幾次，他的妻子就是因為惹怒了他而差點把他送到上帝那裡去。

　　當然，他妻子那些都是無意行為，也絕對沒有想過要去謀害自己的丈夫，不過在一個學術會議上，同行間與他的無意爭吵還是讓他斷送了性命──他死於冠狀動脈栓塞。

　　這個故事告訴我們，人在發怒的時候有多麼危險，可以讓人在一瞬間命喪黃泉的，僅僅是憤怒。儘管憤怒恐怖，不過很少有人會一直在憤怒裡拔不出來，有人偶爾發發怒，生生氣，這都是正常現象；有人不乏會有持續不斷的不愉快情緒，比方說，單一情緒會產生一些持續不斷的單一症狀。

　　你有沒有過這樣的發現：有些人一見血就會暈倒，也就是我們常說的「暈血」，其實「暈血」並不是心跳太弱或者血壓太高才暈倒的。真正的原因是，「暈血」的人一見到血，心裡就會產生一種緊張恐懼的情緒，恐

懼情緒反應在身體上就是大腦血管供血的變化，這種變化讓他產生了「暈血」。

還有一個奇怪的現象是，有些人一見到血就會嘔吐，這並不是他們的消化系統或者是腸胃得了病，而是看到血讓他們產生了厭惡和恐怖的情緒，進而影響的到胃部肌肉，導致胃部肌肉強烈收縮，而引起嘔吐。

我們憤怒大多數是因為別人惹怒了我們，或是遇到了不開心的事情。但是要記住「忍一時風平浪靜，退一步海闊天空」。遇事不冷靜，往往會做出一些追悔莫及的事。因此，我們必須學會制怒。

一個智者與妻子吵架，智者不願鬥嘴就出門上街，妻子怒氣未消，一盆髒水從窗戶潑在剛出門的智者身上，想激怒智者，不料想智者只是自語道：「我已猜到閃電過後必有暴雨。」說罷揚長而去。

平時我們要多體會世間的疾苦，你會發現自己還是幸運的，自己比許多人過的要好，這樣就不會為小事計較。

遇到不講理的人，有修養的人常說要包容，實際上

我們的心胸是有限的，我們無法包容。這時最明智的方法是理智地、乾淨利落將那些情緒炸彈「打包」，然後扔出我們的體外，這樣怒氣才會遠離我們，讓我們以愉快的心情度過每一天。

寬恕別人，也就寬容了我們自己。讓怒氣遠離我們，就會減少時間的浪費，讓我們在有限的生命裡，多做一些我們本能想做的事情

在工作和生活中，人們難免有衝突。在許多情況下，如不自控，衝突愈演愈烈會影響工作和傷害感情。因此，掌握一些自我息怒的心理技巧，對每個人，尤其是年輕人，都是十分有益的。

首要技巧就是平心靜氣。心理學家提出了能使人平心靜氣的三法則：「首先降低聲音；繼而放慢語速；最後胸部向前挺直。」降低聲音，因爲聲音對自身的感情將產生催化作用，從而使已經衝動起來的表現更爲強烈，造成不應有的後果；放慢語速，因爲個人感情一旦摻入，語速就會隨之變快，帶來與說話聲音高，容易引起衝動；胸部向挺直，因爲情緒激動、語調激烈的人通常都是胸前傾，一旦胸部挺直，就會淡化衝動緊張的氣氛，而當身體前傾時，就會使自己的臉接近對方，這種

講話姿態將人為地造成緊張局面，這樣會更增加怒氣。
這三點是頗有見地的經驗之談。

其次是閉口傾聽。要盡量做到虛心誠懇，通情達
理。靠爭吵絕對難以贏得人心，立竿見影的辦法是彼此
交心。當別人的想法你不能苟同，而一時又覺得自己很
難說服對方時，閉口傾聽，會使對方意識到，聽話的人
對他的觀點感興趣，這樣不僅壓住了自己「氣頭」，同
時有利於削弱和避開對方的「氣頭」。

隨後是轉移注意。心理學知識告訴我們：人在憤怒
時，往往在大腦皮層中出現強烈的興奮點，以致造成一
時間的「意識狹窄」現象，而且這種有害的興奮會進一
步擴散升級，甚至造成激烈衝突的不堪設想的後果。轉
移注意的作用是理智地轉移興奮點，主動降溫，防止衝
突的惡化。

注意交換角色。如果雙方都堅持己見而不能理智地
考慮對方意見時，很容易引起衝突。如果雙方在意見交
流時，能夠交換角色而設身處地的想一想，就會在比較
中瞭解彼此的動機和目的，就會意識到自己的意見是否
正確，是否應該被對方接受，就能避免雙方大動肝火。

還要做到理性昇華。當衝突發生時，在內心估計一

75

個後果，想一下自己的責任，將自己昇華成爲一個有理智、有豁達氣度的人，就一定能控制住自己的心境，緩解緊張的氣氛。「忍得一時氣，免得百日憂」，合理的讓步不僅對事情大有益處，也會贏得別人的愛戴，退一步，天地自寬。

心靈小測驗：你的自我毀滅程度

現在你要在一個月裡減 3 公斤體重，你會選擇：

A、進行絕食，每天努力運動

B、使用蘋果減肥法與只吃主食的方法

C、只吃份量不多的早午餐，晚餐完全不吃

D、考慮營養的均衡三餐，飲食照常，配合規律的運動

選擇 A：過度自信，極易自我毀滅

基本性格—絕食時還持續運動的你，爲了達到目標，給自己不太合理壓力，經常落得使自己都感到失望的結果，原本的期望也因而破滅，你可能要有不管怎麼

努力都沒有用的心理準備。

　　內在性格─在最終的時候你有「只能努力做到」的結論比「做得到的就是做得到」的觀念強。有時候要接受「不論怎麼努力也無法成功」的事實，太過勉強或想法太過簡單，過度極端的想法容易導致你深陷困境、無法走出。

選擇B：適可而止，不要過分要求

　　基本性格─選擇比較困難的減肥法，自我毀滅程度頗高，只要一陷入困境，不論情況或原因是什麼，都會變得比平常更努力，但當努力不等於成功的時候，你會無奈地放棄。

　　內在性格─看起來像是追求自我發展的，但實際上卻易自我毀滅，總是要求事情馬上有結果，結果沒出來之前也不會輕易放棄，記住你不屬於完全破滅型的人，稍微忍耐一下就有機會可以突破困境。

選擇C：只要努力，成功指日可待

　　基本性格─只選擇早午餐的你，基本上是屬於自我發展型的人，常常把「我做什麼事都不行！」這種話掛

在嘴上，讓周圍的人都覺得你是破滅型的人，實際上只要持續不斷努力就會成功。

內在性格——不管陷入何種困擾，都保持努力姿態的你，評價不錯，但經常沒有計劃地做事是一大缺點，因此陷入困境的時間可能會拖得很長，在無法分析困擾的原因及長時間無法突破困境的情況之下，當然無法獲得進步。

選擇 D：在陷入困境前，就可想出解決之道

基本性格——答案是均衡的飲食加上規律運動的你，不管陷入怎樣的困境都會拚命的努力解決，是典型的樂觀者，因你可以正確的分析產生困擾的原因，所以很快就能擺脫困擾。

內在性格——在陷入完全的困境之前，你就能從困境逃脫，是因你自我發展的行動所產生的功效，這種人很少真正的陷入困境，所以雖然有解決困難的能力，實際上可能有意想不到的脆弱。

凡事退一步　在吃虧中佔便宜

　　懂得讓步的人，才能使他人願意和你交往與合作。
關係才能進一步發展。

　　荷蒙曾經被譽為世界上最偉大的礦冶工程師，他一
生中有許多動人有趣的故事，其中有一個是說他從國外
留學歸來找第一個工作的有趣故事：

　　荷蒙在耶魯大學畢業後，又到了德國的弗賴堡去修
完碩士。

　　學成回國後，他去找美國西部的大礦主赫斯特，希
望能在他那兒工作。但赫斯特是個性格怪僻、執拗，自
己沒有學歷但又不相信文憑的人，他一向看不起那些文
質彬彬專講理論的工程師。

　　當赫斯特看完荷蒙的履歷後，頭也不抬一下便粗狂
又執拗地對荷蒙說：「我不想用你，因為你是弗賴堡的
碩士，你的腦袋裡裝的是一大堆沒有用的理論，我不需
要像你這樣文縐縐不懂實務的工程師。」

荷蒙早就暸解了這個礦主的脾氣，於是他靈機一動的對他說：「如果你答應替我對我父親保密，我告訴你一個祕密。」

赫斯特答應了他。

荷蒙故意神祕地一本正經對他說：「我在德國其實什麼都沒學，我在那裡白白混了三年，我肚子裡什麼東西都沒有。」

一聽這話，赫斯特滿臉高興，笑嘻嘻地對他說：「好！很好，很好！我錄用你了，你明天就來上班吧！」

荷蒙之所以在一個非常固執的人面前，輕易地就討得他的歡喜而達到了他的目的，說穿了，就是因為他懂得「必要時不妨讓讓人家」的策略。

我們在人際交往中，難免有和別人為了自己的利益，或意見相左時與對方發生爭執的時候。這時我們不妨讓自己心平氣和下來，想一想跟對方僵持下去到底值不值，難道就為了一點芝麻綠豆大的小利或是為了滿足一點虛榮心而跟對方鬧到臉紅脖子粗，甚至弄到成了冤家死對頭的地步。

有時候我們可能一時衝動，感情無法抑制，說不定

就跟對方「翻了臉」，但事後一想原來那樣的爭吵和僵持完全沒有必要，這時候後悔已經晚了，因爲你需要花多努力去彌補你與別人的「裂痕」。

象棋上有許多「以退爲進」的策略，這也不妨運用到我們的人際交往中。人都有自知之明，你一次讓了人家，別人當時沒感覺，不過事後一想起來，可能反而會後悔自己的粗魯，而敬佩你的雍容大度了。

大家所熟知的廉頗與藺相如的故事正好可以說明這一點。廉頗自恃功大，對「後起之秀」藺相如看不順眼，於是多次想辦法要讓藺相如出醜，甚至在背後對其妄加誹謗。但對這些藺相如只採取迴避相讓的態度，始終以國家大義爲考慮的出發點而置個人恩怨於腦後，終於使廉頗悔悟，也才有了「負荊請罪」的故事，讓兩人成爲「刎頸之交」。

所以，一些對個人關係不是十分重要的小事，讓別人一步又何妨呢？當交際中發生爭執你處於優勢，而對方處於劣勢時，你卻窮追不捨，逼得別人無路可走，常常會把對方激怒，對你大動「肝火」。在古代處世論著《菜根譚》和著名的軍事著作《孫子兵法》中都寫道：「不要斷了對方的退路，如果徹底把對方的退路堵死了，

到時候『狗急跳牆』，說不定他會跟你來個『背水一戰』進行反擊，那就真是一發而不可收了。所以，交往中我們要給對方留條後路，不要讓對方失去尊嚴。」

有人緣的人對付反對意見時常常盡量地考慮使自己讓步。每當一個爭執發生時，他們會在心裡盤算：對於這一點能不能稍作一點讓步而無損大體呢？其實，許多別人所堅持且自以為很重要的東西，對於我們可能是最不重要的，你可以仔細想想。

「要想在這個社會中生存下去，首先就要學會做人」，只有學會了怎樣做人，才能和別人和睦相處。其實如何與別人交往是一門高深的藝術，需要我們一輩子來學習。

不少關於「禮讓」的佳話。「王泰讓棗」、「孔融讓梨」，這是家庭內兄弟禮讓的故事；明朝有個「仁義胡同」的故事，講的是鄰里相讓；禮讓是傳統美德。

做人最需要記住的一點就是要懂得禮讓，一切以禮讓為先。在實際生活中，那些曲解的、不正常的人際處理和交往方式已經讓我們難以承受了，大家都想盡快改變這種狀態。大家真正希望的就是一種互相之間的信任和支持，與別人建立一種互動和友善的關係。

　　我們生活的現實社會日新月異、變化無窮，面臨的競爭也越來越激烈，但卻不可忘記也不能忽視「禮讓」。試問，我們有誰喜歡一直生活在一種激烈競爭的高壓力的生活狀態下？我們有誰願意和那些「滿心城府」的人成為朋友？而又有誰習慣在生活中和別人保持一種互相欺騙和隱瞞的交往方式？

　　我們生活的世界是一個互相聯繫、互相影響的世界，我們自己的行為和結果也會存在著一定的相通性。佛學上講究因果關係，撇開這些世界觀的差異不談，客觀來說，我們的所作所為對自己、對別人在一定程度上或多或少都有一些影響。

　　古代的那句諺語很經典地表述了這一觀點。「播種一個行動，你會收到一個習慣；播種一個習慣，你會收到一個性格；播種一個性格，你會收到一個命運；播種一個善行，你會收到一個善果；播種一個惡行，你會收到一個惡果。」不僅對於我們個人而言如此，對於整個社會，對於我們的現實世界來說，這種內在的因果關係也是存在著的。

　　「長城萬里今猶在，誰見當年秦始皇？」凡事禮為先，退一步，海闊天空，我們要像古人那樣懂得禮讓。

83

只有那些懂得珍惜、懂得禮讓的人，才可能真正贏得身邊朋友的心，我們人生的道路才會越走越寬。

心靈小測驗：從人的站姿看這個人

觀察一下你自己或者你身邊的朋友，他們的站姿是怎樣。

　　A、背脊挺直、胸部挺起、雙目平視

　　B、彎腰曲背、略現駝背狀

　　C、兩手叉腰而立

　　D、別腿交叉而立

　　E、將雙手插入口袋而立

　　F、靠牆壁而站立

　　G、背手站立

選擇 A：背脊挺直、胸部挺起、雙目平視

　　說明有充分的自信，給人以「氣宇軒昂」、「心情樂觀愉快」的印象，屬開放型。

選擇 B：彎腰曲背、略現駝背狀的站立

屬封閉型，表現出自我防衛、閉鎖、消沉的傾向，同時，也表明精神上處於劣勢，有惶惑不安或自我抑制的心情。

選擇 C：兩手叉腰而立

是具有自信心和精神上優勢的表現，屬於開放型動作。對面臨的事物沒有充分心理準備時決不會採用這個動作的。

選擇 D：別腿交叉而立

表示一種保留態度或輕微拒絕的意思，也是感到拘束和缺乏自信心的表示。

選擇 E：將雙手插入口袋而立

具有不袒露心思、暗中策劃、盤算的傾向；若同時配合有彎腰曲背的姿勢，則是心情沮喪或苦惱的反映。

選擇 F：靠牆壁而站立

有這種習慣者多是失意者，通常比較坦白，容易接

納別人。

選擇 G：背手站立者

多半是自信心很強的人，喜歡把握局勢，控制一切。一個人若採用這種姿勢處於人面前，說明他懷有居高臨下的心理。

04

假話全不説　真話不全説

　　大陸國學大師季羨林老先生接受電視訪談，在整個訪談中，季羨林先生的人生感悟至真至精，他給人的感受是：智者永，仁者壽，長者隨心所欲。

　　他在總結自己的人生時說：「我假話全不說，真話不全說。」這句話留給人們思考了良久，季老的話極富哲理性，不過我們有多少人能做到呢？

　　其實，說話的態度，往往就是做人的品質和學問。季羨林老先生爲人所敬仰，不僅是因爲他的學識，還因爲他的品格。他說：「即使在最困難的時候，也沒有丟掉自己的良知。」對照季羨林先生，我們又是如何說話和做人的呢？在市場經濟的今天，物質和金錢、權力和地位，已經成了很多人的最大追求。爲了達到自己的目的，實現自己的目標，我們中的許多人不是「假話全不說」，而是「假話天天說」。有些商人能把劣品說成美玉精品，有的學者能把糟粕說成精華，用假話騙取信任和榮譽。尤其是官場上假話更多，許多地方報喜不報憂。

　　說假話的人多了，願意聽假話的人也多了，假話往往比真話好聽，讓人感覺舒服。假話帶來的直接後果就是，社會嚴重缺失誠信。原來喜歡講真話的人不敢講了，說實話害到自己，往往還吃虧。

　　在社會交往中講真話、說實話，人家就說你幼稚、愚笨，不可交也；在公司裡講真話、說實話，就會被人瞧不起、甚至被人整個半死，絕對沒有升職的機會；在家裡有的人也不敢說實話了，說實話就會惹出許多麻煩和亂子來。在某種程度上說，我們的社會裡天天假話連篇，讓人活得很累。像季羨林先生「假話全不說」的人，並不是很多。這就是我們社會的一個頑症。面對假話遍地，誠信缺失，我們應該多學習季羨林老先生的人格品質，加強誠信教育，讓假話失去生存的土壤。少說假話，多說真話，多做實事。

　　當然，說真話也要講究場合和時機，也不是任何時候、任何情況下都能說真話。這就是季羨林先生的「真話不全說」。什麼時候說，說多少，也是有講究的。其實，這就是一個做人的智慧問題。說真話也要看效果，不然真話也能惹事。

一個大學教授講了一個這樣的故事：

他的一位學生本科畢業後，託他的關係到了一家大型企業上班。半年後，那家企業的老總打電話告訴這位教授說，你的那位學生業務還可以，就是不會說話。

有一次，他請假回老家探親，回來時帶回來一些新鮮的木瓜，分給大家吃。

同事們感到這些木瓜很新鮮、很好吃，都對他說了一些感謝的話。這時，你的學生卻很認真地對大家說，「沒關係的，這種東西在我的老家很多，都用來餵豬」。大家聽了都很不舒服，也都改變了對他的看法。

這位大學生說的「木瓜餵豬」可能是一句真話，可是大家都在津津有味地吃著木瓜，大學生卻說木瓜餵豬之事，顯然有失大雅。說真話的場合和時機都沒有把握好。在我們的工作和生活中，這種現象也是屢見不鮮的，看來「真話不全說」是非常有道理的。

認真領悟季羨林老先生的「假話全不說，真話不全說」，對我們每一個人都很有好處。「假話全不說」，是一個人的道德品質問題，表現了一個人優良的人格魅力。「真話不全說」，是一個人做人的技巧問題，表現

89

了一個人的智慧和能力。二者具有內在的統一性，假話什麼時候也不說，真活該說的時候就說，不該說的時候就不說，能做到這樣人就不簡單了。對照季羨林老先生，大家都看看自己做到了嗎？

人長了一張嘴，並不是光爲了吃飯，最重要的功能還是說話。然而「禍從口出」，身邊因爲說話而引發的麻煩屢見不鮮。說話，大槪是我們平時見得最多，也是用得最多的表情達意的形式。因而掌握了說話的智慧，也就差不多掌握了人生的智慧。

真正會說話的人，則介於說假話和說真話兩者之間：善辯，但是不滑頭；誠實，但是不愚忠。周旋於各色人等之間而能全身而退，身陷入明爭暗鬥之中也能毫髮無傷。這種人一開口，或幽默，或睿智，或精闢，總能讓人感到無窮的人格魅力。他們的回答，總能讓提問者滿意而歸。

古今著名的外交家、政治家、商人無不是說話的高手。他們將「真話不全說，假話全不說」運用到了極致，尤其是掌握了如何找到說真話與保密之間的平衡點。

當然，「真話不全說，假話全不說」並不是人生智慧的全部。在說話之外，更要懂得做事的藝術。把說和

做統一起來，理論結合實踐，這樣才能在人生的旅途中攀的更高。

心靈小測驗：坐姿窺視他人心靈

當你坐在一個人的對面，注意觀察這個人的腳是如何擺放的，就能窺探出其中的祕密了。

A、雙腳併攏，腳由左向右斜

B、腳尖叉開，腳跟貼近

C、只有腳掌交叉，鞋子仍靠在一起

D、雙腳呈十字形交叉

E、雙腳整齊地併攏

選擇 A：

跟這種人談話，話題千萬不可過於俗氣，因爲他們喜歡把自己當成貴婦或紳士。大多數的明星或模特兒都是這種坐姿，他們很注重禮節，舉止溫文秀氣，自尊心很強。如果想取得這種人的好感，就要和他們談論一些

關於流行時尚或專業性很強的話題，只有這樣才能引起他們的興趣。

選擇 B：

這種人屬於好惡分明、嫉惡如仇的「俠客」人物，這類人身材多高壯、結實，做起事來也相當帶勁。因此，是否能贏得他的第一印象是決定日後能否有交往可能的重大原因。他們很容易受外界因素的影響而改變自己的想法，而且這種改變是非常急劇的，所以和這種人交往起來應該是比較容易的。

選擇 C：

標準的少女型動作，即便不是少女也是個性內向、害羞、警戒心特強的人。所以，對待他們必須十分小心、溫柔，無論你想要達到什麼目的，千萬不可貿然行事，否則只會事倍功半。

選擇 D：

和這種人交往是非常輕鬆的，他們應該不會有太深的城府，喜怒皆會表現在臉上，一般都擁有開朗的性格，

對周圍事物向來不甚在意，合則來，不合則去，是他們
一貫的交友態度。他們的優點就是真誠。

選擇 E：

他們的警戒心通常很強。雙腳緊緊靠攏是因為想壓
抑內心的情緒，為了取得信任。你必須盡量將氣氛緩和
下來，談些輕鬆的家常話題，讓對方的心漸漸鬆弛，這
樣才能切入明確的話題。

93

主動承認錯誤　即使錯不在你

有一對年輕人結婚，婚後生育，他的太太因難產而死，遺下一孩子。他忙生活，又忙於看家，因沒有人幫忙看孩子，就訓練一隻狗，那狗聰明聽話，能照顧小孩，咬著奶瓶餵奶給孩子喝，撫養孩子。

有一天，主人出門去了，叫照顧孩子。他到了別的鄉村，因遇大雪，當日不能回來。第二天才趕回家，狗聞聲立即出來迎接主人。

主人把房門開一看，到處是血，抬頭一望，床上也是血，孩子不見了，狗在身邊，滿口也是血，主人發現這種情形，以為狗性發作，把孩子吃掉了，盛怒之下，拿起刀把狗殺死了。

之後，忽然聽到孩子的聲音，於是他從床下爬了出來，抱起孩子。孩子雖然身上有血，但並未受傷。他很奇怪，不知究竟是怎麼一回事，再看看狗身，腿上的肉沒有了，旁邊有一隻狼，嘴裡還咬著狗的肉；真相大白，狗救了小主人，卻被主人誤殺了。

這顯然是一場誤會，但是這位主人已經無法和他的愛犬道歉了。生活中，我們應該理智的看問題，把道歉當成一種習慣。

讓道歉成為一種習慣，學會道歉和學會接受道歉。對原諒，我們有著普遍的需求。每個人都生活在一定的關係中，誰也避免不了在人際交往時傷害別人或者被別人傷害。儘管大多數傷害是無意的，但學會道歉和學會接受道歉，仍然是打開通向原諒和恢復關係大門的最有效的鑰匙。

但是，「道歉」一詞在文化中的傾向，往往是與「錯」聯繫在一起的，好像道歉就意味著犯了錯誤。很多父母教育孩子：做錯事必須道歉！但他們多次用惡語傷害孩子卻從來沒說過什麼，因為他們害怕失去作為家長的權威感。

在學校，如果發生老師向學生道歉的事，很快傳開的將是「某老師承認犯了錯誤」，而非「老師為學生做出道歉的榜樣」。另外，在我們的習慣中，道歉也成為責任劃分的依據，比如馬路上兩車相撞，主動下車道歉的司機理所當然地被認為是事故的責任方，因為「如果沒錯為什麼要道歉呢？」

更嚴重的是，道歉還常常被視作軟弱和失敗的表現，讓道歉者感到失去自尊。一些夫妻在出現衝突後，雙方首先想到的，都是透過指責對方來爲自己辯護。哪怕有些心虛，嘴上也決不肯吃虧，而是千方百計地找藉口：「要不是你先說……我也不會……」主動「示弱」的事誰都不願去做。

其實，主動道歉，即使不是自己的錯，是一種負責任的表現。因爲婚姻、家庭、同事、朋友間的矛盾和衝突都需要有人來承擔責任。如果誰都不願道歉，後果將是關係冷漠、疏遠，甚至破裂。

特別是在家庭中，父母或配偶「偶然的無心的傷害全都爲了愛」──這樣的例子隨處可見──如果沒有及時處理，而是任由裂痕停留在關係中，當事人難免會感到憤怒。一旦憤怒積聚成怨恨，有些人就會選擇極端的方式，讓傷害自己的人爲他們的行爲付出代價。

很多家庭破裂和青少年犯罪的案例讓我們想到：當初如果丈夫或妻子給對方一個原諒自己的機會，如果傷害孩子的父母能夠真誠地表示歉意，悲劇可能就不會發生了。

不願意主動道歉，有可能是受了傳統觀念的影響，

也可能是對道歉的理解有著錯誤觀念，而最主要的原因，可能是不少成年人從小就沒有建立起向別人道歉的習慣。蓋瑞・查普曼博士提醒說：「孩子在很小的時候就能學會道歉的語言，隨著年齡的增長，他們對道歉的重要性會有更深的領悟和理解，爲今後的道德和人際關係發展奠定基礎。」

因此在家庭教育和學校教育中，父母和教師要大膽嘗試以表達道歉來承擔責任。我們會驚奇地發現：在真誠地向別人道歉之後，我們經常會收穫到同樣來自對方的歉意。

事實上，道歉不僅不會使人「失面子」，而且還能幫助提升人的自尊。經常主動地道歉，明白道歉實際上是在爲自己的行爲負責任，並且幫助他們意識到道歉對維持良好人際關係的必要性，這些都是我們應該且必須培養的習慣。

道歉的藝術雖然不那麼簡單，但是人們可以學會，而且值得去學。真誠道歉的人才可能得到真正的原諒。當道歉成爲一種生活方式的時候，我們都會得到所需要的接納、支持與鼓勵，品嚐到道歉的益處。

心理學上稱，有一種性格是最容易有壓力感，這種

97

性格的人稱「Ａ」型性格。而「Ａ」型性格的一個重要特徵就是性急，容易激動發脾氣，而且不能容忍自己看不慣的東西。

我們要用豁達的心對待身邊的一切事物，學會退一步海闊天空，學會遏制怒氣，主動承認錯誤。這些做法，不僅讓我們自身沒有壓力，同時也避免了因為自己而給別人帶來的壓力。

心靈小測驗：學生出醜，老師會怎麼樣

有一個小學生，他在上國文課時，突然很想上廁所，便舉手和老師說：「老師，我要大便！」老師非常的生氣說：「不可以用這麼粗俗的字眼，不准去！」就命令他坐回去，可是那名小學生還是憋不住，只好又舉手說：「老師，我的屁股想吐！」你的朋友是那個老師，他會怎樣笑？

　　Ａ、想憋又憋不住，噗哧地笑了出來

　　Ｂ、嘴巴張得大大的，毫不掩飾地笑

　　Ｃ、遮住嘴巴地笑

D、呵呵的冷笑或是乾笑

選擇 A：

他是一個心地善良的人，當他人有困難，他可以不吝嗇的為他人分憂，但是他卻是最常忽視自我需求的那個人，常可能為了別人而犧牲自己。

心機指數 60%。

選擇 B：

他是很單純的人，因為他很有擔當，不太會去因為別人而隨意更改自己的想法，通常待人兩極化，不是極好就是極壞，因為他是個嫉惡如仇的人，難和討厭的人來往。

心機指數 40%。

選擇 C：

他是那種寧願自己生悶氣，也不輕易說出來的那種人，通常會緊閉心靈，卻又渴望別人能主動瞭解自己，為人有點現實且有點固執，一旦心意已決，不管什麼人

也說不動。

心機指數 70%。

選擇 D：

他很有心機，不管用明用暗，總可以自由地操縱別人，以達成目的，他在無時無刻不在觀察別人，是個厲害的狠角色。

心機指數 90%。

第三章
專注靜心術
專心去做一件事情

　　每個人都渴望成功，人人都想得到成功的祕訣，然而成功並非唾手可得。我們常常忘記，即使是最簡單最容易的事，如果不能堅持下去，成功的大門絕不會輕易地開啟。

　　其實成功並沒有祕訣，只有堅持才是過程。付出並不一定都有收穫，但沒有付出就絕不會有回報！所以，從現在開始，堅持你的夢想，為之努力，就會取得成功。

01

忠誠於　工作和老闆

忠誠是無價之寶。在這個世界上，並不缺乏有能力的人，那種既有能力又忠誠的人，才是每一個企業企求的最理想的人才。

我們要與別人合作，一個基本前提就是要守信用。假如甲有管理才能，乙有一筆資金，有了這兩個條件，兩人就有合作的可能。但是兩人未必就能合作成功，其中還必須有一個信任關係。比如甲拿了錢，得讓乙相信他不會挪作他用，更不會逃之夭夭。守信之人，別人就願意與他合作。

有一個孩子，他父親去世時留下了一堆債務。

若按常規，欠債人已去，把他的商品拍賣分掉，債務差不多也就算完了。但是這個孩子卻一一拜訪債主，希望他們寬限自己，並保證將父親留下的債務分文不少地還掉。後來這個孩子果然歷 20 年之功，把父親留下的債務，連本帶息，分文不差的全還了。

　　周圍的人都非常感動，知道他是一個可靠之人，也就都非常願意和他做生意。後來他不但獲取了別人的合作，也贏得了他人的尊敬。

　　與人合作，守信是第一大原則。守信，會使人對你產生敬意，也因之會使人願意公平地與你合作。和一個不守信用的人合作，考慮到有失信的危險，人們通常會把合作的費用提高，以防萬一。比如你是一個信用程度不是特別高的人，那你要代銷別人的貨物，一般是要先付款。但是如果別人知道你很講信用，或者另一個商界同行出面說人非常可信，那麼打交道的對方就可能很放心地讓你把貨先拉走，等賣完貨後再付款。一個要佔用大量資金，另一個幾乎等於白手賺錢，這中間的出入，就是信用的價值。

　　當然有人會說，在商場上，假定我守信用，而別人卻不守信用，結果不也與我不守信用一樣嗎？

　　有這種擔心的人會這樣打比方。比方說，我(甲方)預訂了5瓶牛奶。我若守信，預付了兩元錢，而對方(乙方)不守信，我豈不吃了虧！雙方合作的可能豈不消失了嗎？反過來說，我預訂了5瓶牛奶，但我不付錢。那

麼，對方如果守信，我就賺了 5 瓶牛奶。對方如果不守信，我也一分沒賠。

當然，最佳結果是乙方交了牛奶，甲方付了費。但是由於存在著風險，甲方優先選擇的是訂牛奶而不付費，乙方優先選擇的是收費而不交牛奶。若二人同時做出最優選擇，合作就不再可能。假如一方，比如甲方先讓一步，選擇了交費，而乙方則選擇了收費而不交牛奶，這一次合作就宣告失敗。第二次若再想合作，難度就會加大。反之，結果也是一樣。

從一次或數次合作的情況看，雙方顯然都傾向於不合作，但是事實上，只要讓合作的事件多次發生，人們就會發現，甲乙雙方早晚都會趨向於尋找一個合作點，即甲方付費而乙方交貨。

人們都還是願意合作的。從理智上分析，每個人都在算計著自己的利益，最佳的選擇是背信棄義，隨時見好就收。但是這樣一來，人與人之間合作不成了，這種最佳選擇就成了短視。所以人們實際上總是選擇恪守諾言而不選擇背信棄義。理智的算計和生活的實際之間存在著一個差異，這個差異，理論上不能完全充分地解釋。

美國科學家發現，理論上，無論經過多少次競爭，

人類行為合作的機率與不合作的機率總是近似相等的。
但他們透過實際調查發現，一旦有了一次或數次進行合
作的良好記錄，在後來的競爭過程中，參與合作的雙方
總會依靠經驗來主動尋找善於合作的夥伴。

　　曾經幫助過你的人，你會把他牢記在心裡。再一次
見面時，你會一下子認出他。你和他之間沒有任何瓜葛，
過去了就過去了，就算再次打照面，也會誰也認不出誰
來。曾經背信棄義的人，你也會對他印象深刻，下次再
見面時，你也會一下子認出他來。但是你是對他充滿戒
備和冷漠，你們之間合作的可能性還不如你與陌生人之
間合作的可能性更大。坦誠認錯也是誠信的重要表現。
人不怕犯錯誤，怕的是犯了錯誤而不承認錯誤、不改正
錯誤。

　　如果你死撐著不認錯，所引起的後果將是十分消極
的，起碼你的同事、你的上司會輕視你。因為你犯了錯
誤，如果那錯誤很小，也沒有造成較大的損失而你為了
你自己的所謂「面子」而不承認，他們會認為你連這麼
一個小問題都不敢承擔，如何能做出大事情。

　　如果你犯的錯誤很嚴重，造成的損失巨大，公司或
單位應該是人人皆知，而你這時候如果再不承認自己的

錯誤，甚至一味地搪塞、狡辯，就有了一點「此地無銀三百兩」的味道。儘管你狡辯的能力很強，能把黑的說成白的，但這個時候你這種「超強」的狡辯能力也只會讓你越抹越黑，引起別人的反感，你的同事更會認為你一點責任心也沒有，而你的上級恐怕也會因此而不信任你。古人說，兩害相權取其輕。你自己要好好權衡比較一下兩者的輕重，看到底選擇哪一個更好一些。

其實，上升到成功人生的角度來看，犯了錯誤後承認錯誤，是為了不再犯錯，取得更大的成功。再說，坦誠地承認錯誤、承擔責任，別人只會更加信任你、尊重你，而決不會輕看你。

忠誠和誠信是人類最重要的美德。那些忠誠於老闆、忠誠於企業的員工，都是努力工作、不找任何藉口的員工。在本職工作之外，他們還積極地為公司獻計策，盡心盡力地做好每一件力所能及的事。而且，在危難時刻，這種忠誠會顯現出更大的價值。能與企業同舟共濟的員工，他的忠誠會讓他達到我們想像不到的高度。

只有忠誠於工作和老闆，對自己的客戶誠信的人，才是企業最需要的人，才能在企業中得到更多的信任，更容易被提升。從現在開始，做一個忠誠、守信的員工

吧！

心靈小測驗：從走路姿勢來判斷人的性格

A、步伐急促的男人

B、步伐平緩的男人

C、身體前傾的男人

D、軍事步伐的男人

E、踱方步的男人

選擇 A：

這類男人是典型的行動主義者，大多精力充沛、精明能幹，敢於面對現實生活中的各種挑戰，適應能力特別強，尤其是凡事講求效率，從不拖泥帶水等。

選擇 B：

這類男人走路時總是一副慢吞吞的樣子，別人無論說得如何急他都不在乎似的，這是典型的現實主義派。

他們凡事講求穩重，「三思而後行」，絕不好高騖遠。

如果他們在事業上得到提拔和重視的話，也許並不是他們有什麼「後台」，而是他們那種務實的精神給自己創造的條件。

選擇 C：

有的男人走路時習慣於身體向前傾斜甚至看上去像彎著腰。這類人的性格大多較溫柔和內向，見到漂亮的女性時多半會臉紅，但他們為人謙虛，一般都有良好的自身修養。

他們從不花言巧語，非常珍惜自己的友誼和感情，只是平常不苟言笑。較之其他類型的人來說，他們總是受害最多，而且不願向人傾訴，一個人生悶氣。

選擇 D：

走路如同上軍操，步伐整齊，雙手有規則地擺動。這種男人意志力較強，對自己的信念非常專注，他們選定的目標一般不會因外在的環境和事物的變化而受影響。這類人如果能充分發揮自己的長處，他們對事業的執著是其他類型的人無可比擬的。但如果你的上司是這

種人的話，日子可就不好過了，很多時候你會「吃不完兜著走」，因為他們一般都比較「獨裁」，而且有時候甚至會不惜犧牲任何東西去達到他個人的理想和目標。

選擇E：

邁著這種步態的男人是非常穩重的，他們認為面對任何困難事情時，最重要的是保持清醒的頭腦，不希望被任何帶有感情色彩的東西左右了自己的判斷力和分析力。這種男人有時也覺得累，為了保持自己的尊嚴，他們很難在人前笑口常開，這是他們的準則。他們對自己的身體形態進行嚴格控制，雖然別人敬畏他們，可是在一人獨處時卻感到壓抑。因為這種人涉世極深，瞭解人情冷暖。

擁有服從心理　不要與人較勁

　　我們工作中，經常會與自己的直系領導打交道，這個時候就需要我們擁有服從的心靈，不與領導較勁，按照領導要求的方式去做，也就是所謂的執行。

　　那麼執行到底具體是什麼呢？

　　下屬與領導有垂直的關係，即執行，也有平行的關係，即合作。作為下屬應該力圖把垂直關係變成平行關係，因為這種關係是對等的、健康的，也是更容易展開深入溝通和交流的。唯有在此基礎上，才能形成良好的職業成長和發展環境。

　　但是，在我們試圖進行這種關係的構建時，常會碰到一個問題，那就是如何才能從職業現實的層面贏得上司的信任。客觀地說，任何一個下屬都沒有更多的選擇，當然也不需要有更多的選擇——只有從最基礎、最重要的地方做起，也就是把每一個任務都執行到位，才能把執行關係打造得更加健康，從而累積上司的賞識和信任。

　　執行到位是合作關係的基礎。與上司交往中，執行
最重要，但也最容易出問題。「做好了，才叫做了」。
這句話一針見血地指出了許多人在執行時最容易犯的錯
誤：在工作時，只是滿足於「做」，卻不重視結果。所
以表面看起來，整天在付出、在努力、在忙，但是這種
忙卻是窮忙、瞎忙，這並不是容易獲得認可的工作風格。

　　執行，絕對不能滿足於「做了」這一點上。滿足於
「做了」，不僅會浪費資源，更可怕的是一種自欺欺人：
既有可能將自己麻痺，也有可能使單位疏忽乃至麻痺，
導致該有的效率出不來。

　　美國標準石油公司曾經有一位小職員叫阿基勃特。
他在出差住旅館的時候，總是在自己簽名的下方，寫上
「每桶4美元的標準石油」這樣的字樣。在書信及收據
上也不例外。他因此被同事叫做「每桶4美元」，而他
的真名倒沒有人叫了。

　　公司董事長洛克菲勒知道這件事後說：「竟有職員
如此努力宣揚公司的聲譽，我要見見他。」於是邀請阿
基勃特共進晚餐。後來，洛克菲勒卸任後，阿基勃特便
成了第二任董事長。

　　也許我們會覺得在簽寫自己的名字後寫上公司的名字，是很容易的事，但如果一直堅持這樣做下去，就像阿基勃特一樣，我們做得到嗎？這就是說，執行工作絕對不能滿足。於在「做了」這一點上，還要力求做好，做到底。

　　個人的執行是努力也好，是不努力也好，都會在上司的心理上產生某些細微的變化。這些細微的變化決定了上司是採用更積極的態度還是更保守的態度與你展開進一步的合作。所以，我們賦予「做好了」這個詞另外一個涵義：不是你認為自己做好了，而是讓你的上司也認為你做好了。這是高度的職業化綜合素質的展現。重要的不是保障，而是認可。

　　一般的上司都非常在乎下屬的品德和能力，所以良好的品德和能力是贏得上司信賴不可或缺的條件。然而品德只不過是職業合作的心理保障，業務能力也只不過是業務合作的現實基礎，這兩者通常只能夠起到最基礎的保障性作用。換句話說，品德和業務能力可以讓你穩住上司的心理底線，但要真正贏得他的信賴，光憑這兩者是遠遠不夠的。真正能夠贏得上司高度信賴的決定因素，是個人的綜合職業素質，也即個人待人處世的敏感

度、策略、真誠的關懷之心等。

下面我們來展示一些職業素質並列舉一些事例加以說明。

1. 服從上司的意識

在這個環節裡我們將隱含的心理反應羅列為：你懂得在上司的指揮下做事，即使你有創造性工作的能力，你也要懂得尊重上司，任何時候都不要在上司未許可的情況下行動。

2. 處理問題的策略

處理問題並不是問題最終解決了就好了，如果是在盲目、衝動，而且沒有預見性和創造性的情況下解決問題的，那是不是僥倖呢？下一次還有這樣幸運嗎？如果碰到更複雜的工作，你是不是更加混亂，問題是不是會更多？

3. 謙虛審慎的態度

你是否足夠認識到問題的嚴重性？抑或還是盲目而不自知？你是否時常願意接受監督並聽從他人的指導？如果不是這樣，怎麼確定你能夠吸納別人的意見，避免錯誤發生？上司不會認為你是個天才，至少你需要讓他知道，當可能出現問題的時候，你總是在多方吸取意見，

包括他的意見。

　　就職業的綜合素質來看，這是一個完整的體系，包括多方面的要求。與個人的能力、品質相關，但也不盡相關──能力只意味著你能做好，品質最多也只能保證你個人不會犯人格上的錯誤。真正起決定作用的剛好是類似上面所列的這些要素，也就是綜合素質的展現。

　　按照上司的要求來看，執行到位是一件相當不容易的工作，因為上司不僅僅只注重結果，也注重過程。不僅僅注重事情本身，也注重你個人的綜合表現。所以，任何時候對待任何事情，你都不應該掉以輕心。上司總是從多方面來衡量和判斷的，並且站得更高，看得更遠，你必須注意你的行為引發的上司心理上的點滴變化。服從上司的要求，完善自己的執行力。

　　執行是我們升職的根本，需要我們加以注意，更需要我們加以鍛鍊，那麼從現在開始觀察你的上司，按照他的要求去工作吧。

心靈小測驗：談心事的姿態

想知道面對面的人究竟是什麼性格嗎？專注於他的細節，你就可以瞭解到了。

如果你和一個好朋友到咖啡廳談事，他的姿態通常是：

A、雙手枕在腦後，身體向後仰

B、雙手握在胸前，手肘放在桌上

C、蹺著腿，頭仰起喝著咖啡

D、頭稍低下，眼睛斜視別處

選擇A：

這種人不是跟你非常熟，就是很自我的人。即使是在聽你講話，也要讓自己很舒服，不像一般人在聽他人講話時，都會盡量表現出很專心聽的樣子，而且目光注視著對方，腰桿也挺得直直的。這位老兄之所以會雙手枕在腦後，一來表示他不想挺腰，二來是他不想動腦筋，加上身體往後仰，所以，他這種姿態，很明顯是在暗示他不想聽你說話。如果你們不是很熟的話，就是他對你

有成見，故意要給你難堪，因為這種姿態在談話的場合是非常不禮貌的，就算你沒學過心理學，也會覺得不舒服。

選擇B：

雙手放在胸前，握在一起的人，基本上是一個很好的談話者。他除了很專心聽你講話之外，還準備好了要和你討論，而且是很有信心的樣子，所以會把雙手放在前面，而且握在一起，這表示他是很有自信能夠回答你的問題或反駁你的看法，而且是迫不及待地要發言。通常這種人是屬於比較好勝的人，一旦有什麼話題，他一定要發表自己的意見，甚至一定是要跟你唱反調，他才會高興。所以，下次你如果再遇到這種人，最好是少說話，多聆聽，否則你會和他爭得沒完沒了。

選擇C：

從朋友和你談話的姿態，可以看出他對你的重視程度和感情。如果他是蹺著腿，頭仰起喝咖啡，這就暗示他不是很同意你的看法或說法，而且似乎是對你的談話不感興趣。因為，他蹺著腿就表示他對你是有防範的，

是一種處於自我防衛的狀態；而他仰著頭喝咖啡，也暗示他不想再聽你講話，因此藉著仰頭喝咖啡的動作可以暫時離開你的視線，而不讓你發現他的想法。所以，儘管他是你的好朋友，如果他有這樣的動作，你最好改變話題，不然就是請他說話，從而改變他的態度。

選擇D：

你在講話，這個人頭會低下，而且眼睛會斜視別處，暗示這個人正在想一些不可告人的心事，或許他是不同意你的說法，或許他是在想如何回答你的問題。一般來講，在對談的場合中，頭會低下的人不是認罪，就是有沉重的心思，一來他頭低下可以專心思考，二來他可以不讓你看到他的眼睛。因為一個人在說謊或是別有用心的時候，眼睛都不敢看人，生怕他的心事會從眼睛中洩露出去，讓人看見這些祕密。所以，他除了低下頭外，還會盡量斜視，不讓你看到他的眼睛。如果你碰到了這樣的人，要小心他的想法，或許是對你不利的，也說不定。

好目標　要分長短

　　古代有一句話：「古之欲明明德於天下者；先治其國；欲治其國者，先齊其家；欲齊其家者，先修其身；欲修其身者，先正其心……心正而後身修，身修而後家齊，家齊而後國治，國治而後天下平。」這句話大意是說：古代那些要使美德彰明於天下的人，要先治理好他的國家；要治理好國家的人，要先整頓好自己的家；要整頓好家的人，要先進行自我修養；要進行自我修養的人，要先端正他的思想……思想端正了，然後自我修養完善；自我修養完善了，然後家庭整頓有序；家庭整頓好了，然後國家安定繁榮；國家安定繁榮了，然後天下平定。

　　這是儒家思想傳統中知識分子尊崇的信條。以自我完善為基礎，通過治理家庭，直到平定天下，是幾千年來無數知識者的最高理想。然而實際上，成功的機會少，失望的時候多，於是又出現了「窮則獨善其身，達則兼濟天下」的思想。「正心、修身、齊家、治國、平天下」

的人生理想與「窮則獨善其身，達則兼濟天下」的積極
而達觀的態度相互結合補充，幾千年中影響始終不衰。
所以，掌握時間的人，就掌握命運，天助自助者。就是
告訴我們要成功，就要自我主動地規劃人生。

我們的人生的確也需要管理。那就需要我們制定長
短兩個目標，並且按照這些目標不斷地去努力。

如果你不知道自己將要去向何方，那麼你走到哪裡
都是一樣的。目標，永遠在方法與技巧之前。當你準備
出發時，就必須清楚，你將去向何方，你的目的地在哪
裡。對於一艘盲目航行而沒有目的地的船來說，任何方
向的風都是逆風，再充足的馬力也失去意義。如果你的
汽車沒有目的地，油箱再滿也達不到任何作用。人也一
樣，目標意味著你的一切，沒有或者失去目標，你將什
麼都不是。

1952 年 7 月 4 日清晨，加利福尼亞海岸泛起了淡
淡的薄霧。在海岸以西 21 英里的卡塔林納島上，一個
34 歲的女人正涉水投入太平洋的懷抱，開始向加州海岸
游去。

假如成功，她將是第一個游過這個海峽的女性。這

位女士名叫費勞倫絲科德威克。在來到這裡之前，她已經成功地渡過了不少海峽，包括成為游渡英吉利海峽的第一位女性。

這天凌晨，她做好了下水前的最後準備。儘管太平洋的海水凍得她渾身發麻。但她仍然果敢地划動海水，自信地向前游去，因為她相信，目標就在前面。

時間一小時一小時地過去了，成千上萬的人在電視機前關注著她。有好幾次，鯊魚靠近了她，但都被護送船隻上的人開槍嚇跑了。她在為自己加油，在向著目的地游去。在以往這類渡海游泳中，她的最大問題不是疲勞，而是刺骨的水溫。

15個小時過去了，她被冰冷的海水凍得身體幾乎僵硬，但她依然在向前游著。然而，這時加州海岸的霧氣越來越濃，並逐漸向大海深處蔓延開去。

由於霧很大，科德威克連護送自己的船隻都幾乎無法看清楚。電視觀眾和在場的人們突然開始發現，她好像有些猶豫，似乎不想再游下去了。

果然，她很快就對不遠處的船上的人呼喊，希望他們把她拉到船上去。她的母親和教練就在另一條船上，他們告訴她海岸已經非常近了，千萬不要放棄。但是，

她朝加州海岸看過去，不過除了濃濃的大霧，什麼也看不到，她開始感到有些心慌意亂，力不從心。她勉強再堅持了幾十分鐘，終於發出略帶惶恐的呼救聲！人們把她拉上了船，她在水裡一共游了 15 個小時又 55 分鐘。當她在船上漸漸地感覺到溫暖時，一股強烈的失敗感開始襲上心頭。

後來記者採訪她時，她略有所思地說：「說句心裡話，我並不是在為自己找藉口。但是，要是當時我能看見海岸線，也許我能堅持下來。」因為人們在拉她上船時，已經告訴她，她離加州海岸只有半英里遠！後來，她說：「真正令我半途而廢的不是疲勞，也不是寒冷，而是在濃霧中看不到目的地。我失去了目標，不知道究竟有多遠，令我感到了一種沒有盡頭的恐懼。」

科德威克女士一生中就只有這一次沒有堅持到底。兩個月後，她重振旗鼓，先將游泳的目標定在了一個比較短的海岸線，然後又再一次挑戰了這個海峽。她也因此成為第一位游過卡塔林納海峽的女性，而且比男子的紀錄還快了大約 2 個小時。

費勞倫絲科德威克女士雖然是一位游泳高手，但

121

是，在如此長遠的海岸目標下，在不知道目的地在何方時，她也選擇了放棄。只有明確的目標，才能使她鼓足幹勁，挑戰自我。也只有長短目標相結合才能使她更快、更准的到達屬於自己的彼岸。

目標是你前進中強大的動力，人生的路能走多遠走多長，就看你的目標和規劃如何，所以在放大人生格局以後，你就應該動手去規劃你的未來了。你應該用目標去管理你的人生，才不會迷失方向。

目標一定要分長短。不能只是選擇遙不可及的目標而忽視了短期目標的累積。遙不可及的目標會讓人看不到彼岸，即像科德威女士一樣，她剛開始把自己的目標定在那麼遠，結果沒有成功。而後來她改變了自己的策略，現制定了短暫的目標，最終取得了成功。

不要忽略短期的目標，你的目標要在哪年、哪月、哪日完成，一定要寫清楚，否則，就可能永遠也沒有完成的那一天。一個沒有期限的目標就等於是幻想。比如有人說：總有一天我要成功。這算是目標嗎？總有一天，是哪一天？是一個月的第 35 天？是 100 年以後的那一天？沒有期限的目標等於白寫。有期限才有壓力，有壓力才能激發潛能。

　　有人說，不能寫短期目標，因為這樣容易忽視長期的目標。其實這只是你不想去完成任務的藉口，因為短期目標是長期目標的準備和積累，只有逐步完成短期目標才能完成長期的目標。

　　瑪丹娜 16 歲的時候設定目標是「我要讓全美國的人都認識我」，而 20 歲的時候她的目標是「我要讓全世界的人都認識我」。所以，現在不管你討厭她還是喜歡她，但你都認識她。因為她有這個目標。而她的目標是在之前短期的目標基礎上實現的。

　　每個人都需要長期目標和短期目標。當你白紙黑字寫下來有時候，就有實現的可能。有些是兩個月內實現的，有些是兩年實現的，有些可能是二十年實現的。只有寫目標時要分長期目標、中期目標和短期目標。這樣才能不斷的進步，不會一事無成不思進取，只會更加成功。

心靈小測驗：洗澡時間顯示個性偏向

要知道這個人的個性如何，其實是可以從觀察他生

活上的小細節來判斷。也許你不知道從洗澡的時間也可以大略窺知這個人個性較偏向哪方面。若不相信的話，印證看看就知道了。

題目：他一般在什麼時間洗澡？

　　A、晚飯後

　　B、晚飯前

　　C、看完電視後

　　D、睡前

　　E、喜歡在早上起床後洗

　　F、因處在大家庭，礙於家中人口眾多的關係而得照順序安排來洗

選擇 A：

　　喜歡飯後洗澡的人頗具領導能力：通常習慣在吃晚飯之後才洗的人，是屬於做事比較慢條斯理型的人，他們也喜歡趁著洗澡時沉澱一下思緒，並悠閒自在地享受洗澡的樂趣。而這類型的人比較不會情緒化，對事物的喜惡不易表現出來，但若你排在這類型的人後面洗可要

等上老半天！

選擇 B：

飯前洗澡的人做事喜歡速戰速決，習慣在吃晚飯前洗澡的人則是屬於較具規劃能力的人，通常他們比較不愛泡澡，因爲這對於凡事喜歡速戰速決的他們來說，太浪費時間了。而且他們會在洗完澡之後安排許多事情，像是：吃飯、看電視、甚至看書等等，此外，他們更喜歡按部就班地將所有規劃的事情做好，而不願意拖拖拉拉，否則到時候後面的事情都得延後，而無法按時完成。

選擇 C：

習慣在看完電視後才洗澡的人，屬於會先享受，其他事後再說的人：他們很重視滿足自己的慾望，比較不會事先規劃做事的程序，儘管他們目標會訂得很高，甚至幾近完美而難以達到的境界，但是他們做事的態度還是非常腳踏實地，而不至於好高騖遠、虛華無實，他們還會等到事到臨頭之後，再邊盤算邊做決定，由此可知他們的應變能力也不差，否則早就把事情搞得一團糟了。

125

選擇D：

習慣在上床睡覺之前才洗澡的人是屬於審美型的人，他們會習慣將自己打點清理乾淨之後，帶著一身香噴噴的香皂味再舒舒服服地鑽進被窩。通常這類型的人喜歡追求溫柔又美麗的一段感情，他們的感情故事也相當具有浪漫色彩。他們比較喜歡獨來獨往，不習慣過團體生活，即使和朋友出門旅遊，也不習慣跟人同處一室，因此像露營之類的活動，他們會比較少參加；再者，他們在生活方面也不喜拘泥於形式，對美的事物有相當大的渴望。

選擇E：

喜歡早上起床之後才洗澡的人則是屬於經濟型的人，他們會習慣在洗完澡後才出門上班。通常這類型的人是屬於比較精明的，他們對於數字很有觀念，對於理財更是有一套，做一件事之前會先評估許久，等計劃周詳，對一切已經做好萬全的準備之後才會開始行動。但是這類型的人要避免過於看重金錢和財產，要不然久而久之，你在他人心目中會被認為是一個見錢眼開的人。

選擇 F：

習慣跟家人排順序洗澡的人則是屬於社會型的人，很好協調溝通。他們習慣接受他人的安排，相當能接受別人的意見與看法，很好相處，其人格方面協調性也強，會站在別人的立場為他人設想，不會自私地自掃門前雪。在處事時會將心比心，能體會他人的感受，與朋友也相處得非常和睦，處在團體生活裡也不會和他人起衝突，相當合群！

04

堅持到底　笑到最後

　　一隻黑蜘蛛在後院的兩簷之間結了一張很大的網。鄰居們看見了，很好奇，難道蜘蛛會飛？因為，從這個簷頭到那個簷頭，中間有一丈餘寬，那第一根線黑蜘蛛是怎麼拉過去的？

　　為了得到答案，鄰居每天觀察蜘蛛。終於發現原來蜘蛛走了許多彎路：從一個簷頭起，打結，順牆而下，一步一步向前爬，小心翼翼，翹起尾部，不讓絲沾到地面的沙石或別的物體上，走過空地，再爬上對面的簷頭，高度差不多了，再把絲收緊，以後也是如此。

　　蜘蛛不會飛翔，但能夠把網結在半空中。網製得精巧而規矩，八卦形地張開，彷彿得到神助。這樣的成績，使人不由想起那些沉默寡言但有著執著信念的人。奇蹟是執著的信念造就的。

　　理想信念常常會產生不可預料的效果，因為在理想信念的作用下，人常會超越自身的束縛，釋放出最大的

能量。信念是一種無堅不摧的力量，當你堅信自己能成功時，你必能成功。有位哲人說：「世界上一切的成功、一切的財富都始於一個信念！始於我們心中的夢想！」也就是說，成功其實很簡單：你先有一個夢想，然後努力經營自己的夢想，不管別人說什麼，都不放棄。堅守信念，永不言敗。

　　有一位並不漂亮的女孩，曾經有一個夢想：在自己的舞台上唱自己的歌。但有一天，在一名著名音樂人的製作室裡，一盆冷水向她潑了過來：「妳的嗓音和你的相貌同樣不漂亮，我看妳很難在歌壇有所發展。」

　　聽了這話以後，女孩並沒有選擇離開，相反，她默默地留了下來，端茶，倒水，製作演出時間表，替歌手拿演出服裝……別人問她為什麼，她鄭重地說：「不為什麼，這裡是離我的夢想最近的地方。」

　　終於有一天，她微笑著站在了自己的舞台上，用並不驚艷但十分溫暖的嗓音感動了在場所有的人。她就是曾被評為「最具真實感的歌手」──劉若英。

　　勝利貴在堅持，要取得勝利就要堅持不懈地努力，

129

飽嘗了許多次的失敗之後才能成功，即所謂的失敗乃成功之母，成功也就是勝利的標誌，也可以這樣說，堅持就是勝利。

古往今來，許許多多的名人不都是依靠堅持而取得勝利的嗎？《史記》的作者司馬遷，在遭受了腐刑之後，發憤繼續撰寫《史記》，並且終於完成了這部光輝著作。他靠的是什麼？還不是靠堅持而已，要是他在遭受了腐刑以後就對自己失去信心，不堅持寫《史記》，那麼我們現在就再也看不到這本巨著，吸收不了他的思想精華，所以他的成功，他的勝利，最主要的還是靠堅持。

荀子說：「騏驥一躍，不能十步，駑馬十駕，功在不捨。」這說明了堅持的重要性，駿馬雖然比較強壯，腿力比較強健，然而只跳一下，最多也不能超過十步，這就是不堅持所造成的後果；相反，一匹劣馬雖然不如駿馬強壯，然而若能堅持不懈地拉車走十天，照樣也能走得很遠，成功在於走個不停，也就是堅持不懈，這也就像似龜兔賽跑：兔子腿長跑起來比烏龜快得多，照理說，也應該是兔子贏得這場比賽，然而結果剛好相反，烏龜贏了這場比賽，這是什麼緣故呢？這正是因為兔子不堅持到底，恃自己腿長，跑得快，跑了一會兒就在路

邊睡大覺，似乎是穩操勝算，然而烏龜則不同了，他沒有因為自己的腿短，爬得慢而氣餒，反而，卻更加鍥而不捨地堅持爬到底。堅持就是勝利，勝利了，最終贏得了比賽。

想成功的人都是樂觀的人，悲觀永遠都是成功的阻礙，只有積極向上的情操才會讓生活變得美好，相信明天一定比今天會好，只要你努力了，社會一定是公平的，不要報怨生活，否則只能證明你自己沒有真正地去努力。

「水滴石穿，繩鋸木斷」，這個道理我們每個人都懂得，然而為什麼對石頭來說微不足道的水能把石頭滴穿？柔軟的繩子能把硬邦邦的木頭鋸斷？說透了，這還是堅持。一滴水的力量是微不足道的，然而許多滴的水堅持不斷地衝擊石頭，就能形成巨大的力量，最終把石頭沖穿。

每個人都渴望成功，人人都想得到成功的祕訣，然而成功並非唾手可得。我們常常忘記，即使是最簡單最容易的事，如果不能堅持下去，成功的大門絕不會輕易地開啟。其實成功並沒有祕訣，只有堅持才是的過程。付出並不一定都有收穫，但沒有付出就絕不會有回報！

所以，從現在開始，堅持你的夢想，為之努力，你就會取得成功。

心靈小測驗：幽默方式

用一個幽默來打破某一個僵局，這樣的人多隨機應變能力比較強，反應快。因自己出色的表現，他們可能會成為受人關注的對象，這很迎合了他們的心理。他們多有比較強烈的表現慾望，希望能夠得到他人的注意與認可。

如果想知道你的朋友是個什麼樣的人，你就可以看看他的幽默是什麼形式的。

1. 常常用幽默的方式來挖苦別人的人，多心胸比較狹窄，有強烈的嫉妒心理，有時甚至做一些落井下石的事情。

他們有較強的自卑心理，生活態度較消極，常常進

行自我否定。他們最擅長於挑剔和嘲諷他人，整天地盤算他人，自己卻從未真正地開心過。

2. 善於自嘲式幽默的人，首先應該具有一定的勇氣，敢於進行自我嘲諷，這不是一般人能夠做到的。

　　他們的心胸多比較寬闊，能夠接受他人的意見和建議，而且能夠經常地反省自己，進行自我批評，尋找自身的錯誤，進行改正。他們這種氣質，讓他人看在眼裡，很容易產生一股敬佩之情，從而為自己帶來比較好的人際關係。

3. 用幽默的方式嘲笑、諷刺他人，這一類型的人給人的第一印象往往是相當機智、風趣的，對任何事物都有細緻入微的觀察，能夠關心和體諒他人，但實際上這種人是相當自私的，他們在乎的可能只是自己。

　　他們在為人處世各個方面總是非常小心和謹慎，凡事總是趕著要比別人快一步。他們嫉惡如仇，有誰傷害過自己，一定會想方設法讓對方付出代價。有較強的嫉妒心理，當他人取得了成就的時候，會進行故意的貶低。

133

**4. 喜歡製造一些惡作劇似的幽默的人，他們多是
活潑開朗、熱情大方的人，活得很輕鬆，即使有壓力，
自己也會想辦法緩解這種壓力。**

他們在言談舉止等各方面表現得都相當自然和隨
便，不喜歡受到拘束。他們比較頑皮，愛和人開玩笑，
他們在這個過程中進行自我愉悅，同時也希望能夠將這
份快樂帶給他人。

**5. 有些人為了向他人表現自己的幽默感，常常會
事先準備一些幽默題材，然後在許多不同的場合不厭其
煩地說。這一類型的人多比較熱衷於追求一些形式化的
東西，而且很在乎他人對自己持什麼樣的態度。生活態
度比較嚴肅、拘謹，能夠控制自己的感情。**

和事先預備幽默題材的人相對的是有另外一種人，
他們有許多幽默都是在自然而然中流露出來的，這一類
型的人多半思維活躍，有很強的想像力和創造力。他們
雖然頭腦靈活，思維敏捷，但並不擅長在制度完善的環
境下一展所長，而是偏愛自由。他們的生活始終處在發
掘新鮮事物的過程中，他們需要利用別人來發掘和增強
自己的構想。

樹立大局觀念　將目光放長遠

　　在你致力於一個目標時有什麼東西阻礙你嗎？你是不是為很快地完成了自己的目標呢？是不是覺得自己的目標唾手可得呢？其實這些都是由於你缺少大局觀念，沒有將目光放長遠來樹立一個遠大的目標。

　　在你實現目標的過程中，經常會有東西阻礙，那麼就將理想定的高遠一點，使那些阻礙與遠大的目標比起來，顯得是那麼的渺小。

　　理想是人生的奮鬥目標，是人們對未來的一種有可能實現的想像，但是，並不是任何想像都是理想。理想既不同於幻想，也不同於空想和妄想。理想是一種正確的想像，具有不同於幻想、空想和妄想的突出特點。

　　就像蘇霍姆林斯基所說：「十分重要的是，關於祖國的豪言壯語和崇高理想，在我們學生的意識中不要變成響亮的，然而是空洞的辭藻，不要由於一再重複而變得黯然失色、平淡無奇。讓孩子們不要去空談崇高的理想，讓這些理想存在於幼小心靈的熱情激盪之中，存在

於激奮的情感和行動之中，存在於愛和恨、忠誠和不妥協的精神之中。」

理想對人有著十分神奇的力量，激發並指引著你前進的力量，因此理想一定要遠大，這樣才能激發人的力量，激發人不斷向更高的地方攀登！

找把谷糠，那是雞的理想；尋個魚塘，那是鴨的理想；當雄鷹在天空翱翔，雞雞鴨鴨開始大膽預測、吵吵嚷嚷。

「一定是雲彩上有座糧倉！」小雞如是說。

「分明是銀河裡有人撒下了網！」小鴨如是說。

「眼裡只有一點可憐糧食的人，是不懂得真正的理想的……」雄鷹笑了。

是呀，真正的理想，並不只是要填飽肚子、穿的溫暖，而是要取得某一或某些方面的成就。因此理想要盡可能的遠大，記住：能有多遠大就讓多遠大！也許你最終沒有到達遠大的終點，但是在追求遠大理想的過程中你已經走得很遠。

　　有兩個年幼的孩子跟隨一位窮苦的牧羊人，靠替別人放羊為生。

　　有一天，他們趕著羊來到一個山坡，這時，一群大雁鳴叫著從他們的頭頂飛過，並很快消失在遠方。牧羊人的小兒子問他的父親：「大雁要往哪裡飛？」

　　父親回答說：「們要去一個溫暖的地方，在那裡安家，度過寒冷的冬天。」

　　他的大兒子眨著眼睛羨慕地說：「要是我們也能像大雁一樣飛起來就好了。」小兒子更是對父親說：「我要是也會飛，該有多好呀！」

　　這個牧羊人想了想，然後鼓勵兩個孩子說：「如果你們想飛，只要努力，你們也能做到。」

　　孩子們聽了父親的話，試著飛了幾下，但沒有成功，用疑惑的眼神望著父親。牧羊人說：「讓我飛給你們看。」但是他飛了兩下，也沒有飛起來。

　　牧羊人肯定地說：「我是因為年紀大了才飛不起來，你們還小，只要不斷努力，就一定能飛起來到任何想去的地方。」父親的話使兩個兒子產生了飛起來的夢想，並堅持不懈地努力。

　　一天，牧羊人帶回一個小玩具，用橡皮筋做動力，

使飛向空中。兩個兒子覺得很好玩兒，照著仿製了幾個，都能成功地飛起來。他們因此興致倍增，並引發了造飛機的想法。

經過多年的研究和實驗，他們終於實現了夢想——造出了世界第一架飛機。

這兩個孩子是誰？或許你已經知道了——他們就是萊特兄弟。

這對兄弟在牧羊時樹立了飛起來的理想，表面看上去相差似乎太懸殊了，但是最終的結果是飛起來的理想給予了他們生活的方向、奮鬥的目標，經過不懈的努力，他們成功了。他們使未來的今天人們實現了出行變「飛行」的方便。昨天不可思議的「藍圖」，成了今天平常的「尋常事」，這就是理想對人類的成就。

理想的遠大，並非凡人所想的荒謬，而是太多的人只有平凡的理想，以至於很快實現，而那些承載著重要歷史責任的、科學進步的理想往往很少有人預見和樹立。因此大多數人的理想往往都是有局限性的，這種理想是有缺陷的，比如：這種人的理想彷彿天上的雲彩，飄浮不定；又彷彿少女的心，變幻莫測。他們今年想經

商，明年想做官；今天想上學，明天想下海。理想總在
跟著形勢的變化和自己心情的變化而變化，不用說，這
樣的人十有八九沒有大理想。

　　這種人的理想總是充滿浪漫色彩，而不像理想遠大
的人那樣現實和冷靜。這種人，他們的理想往往充滿浪
漫色彩，屬於浪漫的幻想式的理想，其結果也往往是空
想，不會激發出人們奮進的力量。

　　這種人的理想總帶有幻想色彩，而不像理想遠大的
人那樣講求實際。這種人總是希望自己一夜暴富。所以，
他們喜歡買彩票、喜歡摸獎。而理想遠大的人壓根就不
會做那樣的蠢事，也沒有時間去做；而只有眼光短淺的
人才會幻想天上掉下餡餅的美事。

　　這種人的理想總是變來變去，而遠大的理想往往始
終如一。這種人的理想彷彿天上的雲彩，飄忽不定，也
許正是由於這種人的理想總是在變化。所以，這種人儘
管每天在為理想奔波著、忙碌著，甚至拼著命，但仍然
總是難以實現自己的理想。理想遠大的人的理想一旦確
定，一般不會輕易變化，往往一生都在為一個理想而奮
鬥。

　　這種人的理想總是容易幻滅、迷失；而遠大的理想

常常經得住時間考驗。這種人的理想，過於浪漫，且易受情緒控制，缺少實際可操作性，再加之變化無常，因此導致了這種人理想的破滅。

所以，樹立大局觀念，用長遠的眼光看問題，做個理想遠大的人吧！每天清晨醒來都要這樣告訴自己：所有的事情都在向著理想的方向靠攏，因此敞開心扉、創造機會、一切皆有可能。只要時時堅守這個信念，就會使身邊的事情都朝著遠大理想的狀態發展。

一個專注的人，往往能夠把自己的時間、精力和智慧凝聚到所要做的事情上，從而最大限度地發揮積極性、主動性和創造性，努力實現自己的目標。

專注力是對此時此刻積極、開放和有意識的關注，對每一遭經歷保持覺察，不再毫無意識地放任生命溜走。專注可以幫助緩解壓力，促進免疫系統，減少慢性疼痛，降低血壓，還可以幫助病人應對癌症。每天花幾分鐘主動地專注於當下的生命體驗，可以緩解壓力進而減少心臟病的風險。

心靈小測驗：你最需要哪方面的投資補課

你所在的公司效益不好，你會選擇什麼樣的方式以應對
危機？

　　A、辭職走人

　　B、要求加薪

　　C、要求老闆支付一半的薪水後走人

　　D、繼續幹下去等待轉機

選擇A：

　　你是一個非常衝動而自信的人，常常認為自己高
人一等，所以你寧可自己做也不願在一個沒有前景的公
司窩窩囊囊地當個小職員，但聰明的你常常忽略未雨綢
繆，因此保險是你必須考慮的理財一課。你應該選擇一
個甚至幾個適合你的以備不時之需。

選擇B：

　　你是一個非常務實的人，善於審時度勢，也善於內
省，衡量自己的利弊得失，該出手時就出手，因此對於

你來說最好的投資莫過於股票了。相信自己的眼光和直覺，你一定能在股市中高人一籌。

選擇C：

你在做任何事的時候都會前瞻後顧，因此你不會讓自己蒙受任何損失，在做出重大決定的時候你會花很長時間來考慮、抉擇，因此你很適合投資房地產等不動產。

選擇D：

你的性格偏保守，也比較能夠忍辱負重，對於任何風險你都不會去碰，但有時疲於防守法反而不如主動出擊，選擇一個好的基金或債券，對你來說應該是個不錯的決定。

第四章
觀念靜心術
調整你的價值天平

　　人生價值觀是每個人判斷是非善惡的信念體系，不但引導我們追求自己的理想，還決定一個人生活中大大小小的選擇。

　　在求全意義上來說，我們的任何行為，都是自身價值觀的流露。儘管每個人都無可避免地受到價值觀的影響，不同頭腦中的價值觀卻可能大相逕庭。而人們各自不同的人生經歷、生命感悟以及生活際遇，無不受到各自價值觀的深刻影響。

01

樹立　正確的人生價值觀

　　不同時代的人，具有不同的價值觀。俗話說：「窮人的孩子早當家」，在 60 年代出生的人心目中，存在便是責任。他們因為吃過苦，所以懂得關愛弱小，早早地就承擔起責任，也因為責任，對許多事情，他們不得不考慮謹慎，因為責任，便少了很多自我。所以他們把責任作為自己的價值觀。

　　而在 70 年代出生的人眼裡，存在便是機會。他們的價值觀就是——「只要給我一個支點，我就可以撬動整個地球。」因為他們相信，只要有能耐，就會有好出路，自我調節、自我生存的觀念比較強。

　　對於生在 80 年代的人來說，生存是更加現實，考研究所、出國不是為了學習更多的知識，而是要面對日益激烈的就業競爭。同時，他們因為沒有吃過什麼苦，變得較弱，在他們眼裡，自我才是最主要的。

　　60 年代生的人是手牽手走過來的人，知道什麼叫互相扶助，因此更注重也更懂得人際關係的重要性。不過，

他們的交往人群下限多生於 70 年代初。多個朋友多條路，也許是交往的隱含話語。相對來說，70 年代出生的上班族與人交往的功利性沒那麼強。凡是可以聊得開、談得來的，他們都愛去結交，無論是比他們年長的，還是 80 年代出生的。

80 年代出生的人對人際關係最為淡薄，他們的交往可能僅限於戀愛、交友，而很少在同事中找得到同行者，甚至還被認為是「目無師長」。同時他們也是最功利的一代，只喜歡和那些能夠幫助自己的人打交道。

80 年代生的人不管是打工還是求職，第一個關心的就是薪水，在此基礎之上再去考慮其他條件或要求。他們口袋裡有 50 元就敢去買 500 元的東西，不管這東西值不值 500 元，只要他喜歡。40 歲的人成長於計劃經濟體制背景，被循循善誘的是「節流」，而出生於 80 年代的人們成長於市場經濟背景，沒人教導也懂得什麼叫「開源」。

市場經濟給 80 年代生的人衝擊是很強烈的，他們比以前的任何一代對工作和金錢的慾望都要大。60 年代生的人一時還接受不了這種消費觀，他們更強調的是一分錢一分貨，但他們由衷羨慕後者所處的這個時代。相

比之下，70 年代生的人就瀟灑得多，「我做到最好了，老闆該給我多少就給多少，花完了再賺。」

到了跟老闆一般大的年齡，60 年代生的人做事已有自己的準則，心目中已有標尺，知道自己做到哪裡才算是最好的，無需老闆或其他人予以評價。

70 年代生的上班族則比較看重上司的評價，所以工作上往往精益求精，因此也容易獲得賞識。而 80 年代生的人心裡也有個準則，但這個準則不以經驗為基礎，而是以自我為中心，照著自己所看到的、聽到的，自己所理解的別人的經歷為模板去做，結果差不多就行。這一年代的人對找工作的態度也分為截然不同的兩種，一種是被競爭推著走的，另一種是憑著自己的興趣去找，只要快樂，能養活自己就好，他們可不大願意用加班來獲取老闆的好感。

無論是 60 年代、70 年代還是 80 年代的人，即使價值觀有所區別，但那是時代的特徵。想要評價一個人是否成功時，不能只考慮他的影響力、成就、激情、毅力、理想、執行能力、溝通能力等因素，而應當首先看他是否擁有正確的價值觀。

一個人如果擁有正確的價值觀，那他在其他方面越

是有才華，他對社會的貢獻也就越大；反之，如果他的價值觀是扭曲、邪惡的，那麼，他在其他方面的造詣越深，對社會的危害也就越大。所以說，在一個人的成就和發展過程中，價值觀決定了人生的成敗，而誠信是最為重要，人人都應具備的價值觀。

人生價值觀是每個人判斷是非善惡的信念體系，不但引導我們追求自己的理想，還決定一個人生活中大大小小的選擇。在求全意義上來說，我們的任何行為，都是自身價值觀的流露。

儘管每個人都無可避免地受到價值觀的影響，不同頭腦中的價值觀卻可能大相逕庭。而人們各自不同的人生經歷、生命感悟以及生活際遇，無不受到各自價值觀的深刻影響。

人生價值觀對人的行為和生活選擇有著不可估量的影響。試想，如果泰斯沒有將參透「天上的奧妙」放在生命中最重要的位置上，他就不可能將自己的生命完全交付給哲學，不可能成為哲學之父。所以，我們的價值觀，就像經濟學家亞當・斯密說的「看不見的手」，在不知不覺中就決定了我們選擇以什麼樣的方式度過一生。

　　既然人生價值觀對人的一生有如此重要的作用，那麼，我們就要樹立正確的價值觀，讓引領我們的人生向著正確的方向航行。當然，每個人的人生價值觀都會有所不同，而最主要的，就是要樹立正確的價值觀。要做一個對社會有用的人，能給社會的發展和人類的前進獻上點微薄之力並且能幫助別人，能給別人的人生帶來些許多快樂和方便，能做到這點，就是人生最大的快樂與滿足。

　　我們經常從自己的身邊看到許多不合理的現象，都會有些埋怨與難受，想改變這些不合理似乎又很無力。但是不要懊惱，現在最主要的應是從自身做起，首先充實自己，改變自己，再為其他人造福。而不是用滿心抱怨來消磨自己的意志。

　　如果你有以上這種價值觀，那就是就正確的，可以向著前進。而且有了這樣的價值觀，你的人生從此不再迷航。這樣的價值觀，也能使你的人生從此與眾不同。如果你沒有以上價值觀，而且發現你的價值觀與之相反，那就趕快改掉。因為如果長期堅持這樣的價值觀，可能會讓你走向極端。

　　人們的生活和教育經歷互不相同，因此價值觀有許

多樣。價值觀還與興趣有關，但強調生活的方式與生活的目標，牽涉到更廣泛，更長期的行為。有人認為「人生以服務為目的」，有人以追求真理為目標，有人則重物質享受……不管我們曾經確定怎樣的價值觀，從現在起，我們都要樹立正確的價值觀，真正適合於自己的的價值觀，好引領我們的人生向著美好的方向前進。

心靈小測驗：強迫症傾向

「沒有」為0分；「很輕」為1分；「中等」為2分；「偏重」為3分；「嚴重」為4分。

1. 頭腦中有不必要的想法或字句盤旋

2. 記性差

3. 擔心自己的衣飾不整齊及儀態不端正

4. 感到難以完成任務

5. 做事必須做得很慢以保證做得正確

6. 做事必須反覆檢查

7. 難以做出決定

8. 反覆想些無意義的事

9. 注意力不能集中

10. 必須反覆洗手

11. 反覆做毫無意義的一個動作

12. 常懷疑被污染

13. 總擔心親人，做無意義的聯想

14. 出現不可控制的對立思維、觀念

將各項得分相加，總分超過 20 分者應考慮有強迫症的可能。

不藥而癒的
抒壓靜心術 Soothe Your Heart
Healing without Medicine

自私 是快樂的極大阻礙

　　生活是很簡單的。但是，由於人的自私，使這個生活很複雜……有的人痛快的同時也增加了別人的痛苦，而他還不知道是怎麼回事，還會很自信的問別人：「你在怕我什麼呢？」……這種人是可惡的，他們在生活中從不顧及他人的感受，只圖自己的想要求的快樂，甚至傷了別人也不知道，而且還會找被他傷了的人追問原由。這種人不懂別人的感受，不理解別人的心靈，他們只會為自己的追求或慾望而一味地去拿別人的痛苦換自己的幸福！對於這種人，眾人見了都想讓他消失……

　　而無私的人，是很受人歡迎的。這種人走的哪，哪裡就會充滿快樂和歡笑，他們懂得關心別人，喜歡幫助別人解決困難及問題，不會強迫別人做自己未想好的事，懂得寬容懂得替他人著想。而且這種人很開朗大方，他們不會要求別人做什麼，也不會要求自己想得到什麼，他們只要「大家幸福快樂」。

　　無私與自私，僅一字只差，但是，它們的意義有天

壞之別，尤其是在人的身上，可以這樣說，自私的人是
不會受到別人喜歡的。

　　有一天，一個人不小心掉進了河裡，在他的周圍
除了急流的河水就只有他自己，他很無奈地想著許多事
情：我就這樣的完了？我這麼年輕，老天為什麼這樣對
待我呢？我還沒有賺錢，我還沒有幫自己的爸爸媽媽買
東西呢，也還沒有給自己心愛的人（朋友和同學）買過
禮物呢……我錯了，我不應該一個人帶著自己的自私過
河，我應該和我朋友和同學一起去那河的對岸找尋幸福
快樂。我是被我的自私所害死的，我好後悔啊。上帝啊！
我的主啊！請給我一次機會，讓我改過，我會無私奉獻
自己的知識、寶藏、自己的財富、自己的愛心。求求您
了，給我重生的機會，我真的會好好做人的！

　　可是，河水並沒有停反而越來越湍急了，那個人很
絕望地望著天空的雲彩，懷著渴望的眼神乞求上天的寬
恕，他掙扎著，最後他沒有力氣了。

　　他又平靜地想了想，既然自己沒有重生的機會了，
那願自己的軀體能夠餵飽魚兒的肚子或化做肥料保養水
草的青春或隨雨水降落大地滋養大地萬物……這時，天

上出現一道亮光，他獲得重生的機會。

　　他很感激上天對他的寬恕，他哭了，他也笑了，他下定決心，要做一個無私奉獻的人，要與大家一起分享自己的快樂！

　　可見，當自私的人遇上麻煩，沒有人願意幫他時他是多麼的無助。如果遇到自私的人，我們應該採取一些方式，因為自私也可以被轉化為有利的方面。

　　美國的一位心理學家在露天游泳池中做了一個有趣的試驗，他故意安排不同的人溺水，然後觀察有多少人會去營救他們。在長達一年的試驗中，當白髮蒼蒼的老人「溺水」時，累計有20人進行了營救；當孩子「溺水」時，累計有32人進行了營救；而當妙齡女子「溺水」時，營救人員的數字上升到50人。

　　心理學家稱：「這個試驗可以證明人性中有自私的傾向。雖然同樣是救人，但他們在跳下水的那一刻，我知道他們心裡在想些什麼。」這個試驗讓人想起一個發生在身邊的故事。一位員工平時十分吝嗇，公司舉行募捐時他最多出一千元。但令人奇怪的是，最近他自己領養了山區的一位貧困學生，一次就捐出了十萬元。

其實，每個人的心中都有「基於自己利益」的潛意識傾向，說穿了，許多人同時捐助一個人和一個人捐助一個人，當然是後者更具有成就感和具有期待回報的可能性。人是「自私動物」，這並不是一件可恥的事。重要的是，我們如何認識和利用「自私」，而不是逆「性」而為。

有一座城市的郊區有一座水庫，每年夏天都吸引大批游泳愛好者前去游泳。而水庫是城市自來水工廠的重要集水區，為了保持水源的清潔衛生，自來水廠在庫區豎了許多「禁止游泳」的牌子，但效果並不理想，人們還是照游不誤。

後來，自來水廠換了所有的禁止類的標語，公告牌上寫著：「你家用的水來自這裡，為了你和家人的健康，請保持清潔衛生。」結果，水庫區中的游泳者馬上變少了。

人性之私，我們不容迴避。我們要做的就是營造「我為人人，人人為我」的氛圍。我們知道這個世界上需要無私奉獻，但事實上，生活中的許多事都因為只強

調「無私」而收不到良好的效果。所以，我們就要學會
利用自私的智慧。

當然，自私的人沒有人會喜歡。所以，我們應該做
一個無私的人，而不是自私的思考自己的事情。高爾基
寫給他兒子的信中就告訴人們一個真理：播種愛、傳播
愛的人才會是最愉快的，是最受歡迎的，這樣的人在將
愛傳播給他人時，在將愛傳遞給他人時，也在自己的心
底留下了一片陽光。

那麼，我們應該怎樣做才能夠去播種愛、傳播愛
呢？其實不難，如果你看到別人有困難，請主動去幫助
他：幫同學解開學習上的疑難；為家境貧困的同學捐出
零用錢；輕輕扶起摔倒的同學……給別人幫助，別人就
能感受到春的溫暖，因為你在他心中播種了愛；回到家
裡，為爸爸斟一杯茶，幫媽媽掃掃地，替弟弟繫上鞋帶
等等；出入公共場所，當你推門而入，別忘了回頭看看
身後是否有人，以免碰傷他；當你玩耍時，要小聲一些，
別人還在休息；當你學習鬆懈時，是否還記得父母和老
師的希望……只要你處處為別人著想，把愛的春風送給
他們，美麗的笑顏會在他們臉上綻放，你就會成為大家
喜歡的人。

155

生活中，有很多人在抱怨快樂離自己很遙遠，快樂是一種奢侈，快樂只有上帝才能夠擁有。但實際上呢，快樂其實很近，就像生長在我們腳下的鮮花，只要你肯彎下腰去採摘，快樂就會在你手中飛舞。把心中的愛傳播出去，這樣你就可以成為一個愉快的人，幸福的人，受歡迎的人，不是嗎？

心靈小測驗：你的忌妒指數多嚴重

題目：現在有三個汽球並列綁在一起，您認為在紅色及藍色之間的汽球應是什麼顏色？這可以看一個人的忌妒指數！

A、橘色

B、黃色

C、酒紅色

D、綠色

A 橘色：

　　你是個不折不扣的醋罈子，戀愛過程中眼裡幾乎容不下一顆沙子，只要看見情人與異性交談或互動，就會心生忌妒，很容易因此和情人爭吵，在家中也很容易因為父母的不公平對待而顯得不高興。基本上你希望引起注意是因為怕被遺忘。應該修正自身的態度，好好與身邊的人建立互信關係。

B 黃色：

　　選擇黃色的你雖然不是個醋罈子，但是對於情人或朋友的一舉一動卻是相當敏感，平日常藉機問長問短，而且不管情人怎麼說，都會保持懷疑並且親自求證。你的忌妒心雖然只會在理性及合理的狀態下發作，不過這麼做其實只是因為面子的問題，因你不想讓對方認為你沒安全感。

C 酒紅色：

　　你是屬於表面心胸寬大的人，其實心中早已忐忑不安，因此對於感情的態度很保留，而且很少失態，因為吃醋在你看來是相當幼稚的行為。而你的忌妒心只在關鍵時刻發作，如果情人只是無傷大雅的與其他異性往

來，你通常會忍住不發作，而這經常表裡不一的壓抑，其實很容易為自己帶來壓力。

D 綠色：

你幾乎不知道忌妒為何物，對情人和身邊的家人朋友絕對信任。但正因為充分信任，卻反而為對方製造拈花惹草的出軌機會，應該多培養一些危機意識和合理的忌妒心。

分享 **讓快樂加倍，讓痛苦減半**

　　人和人之間能否和平共處，就看能否分享美好的東西。當你幫助別人之後，別人會對你心懷感激，即使你在幫助別人的時候，並沒有想從別人那裡得到什麼相應的回報，但是，就是這種無私的幫助常常能帶給你意外的「好處」。

　　同時，你的幫助，在給別人帶來快樂的同時，你自己也會感到前所未有的滿足，難道不是嗎？這就是為什麼那些懂得幫助別人，懂得與人分享的人看上去總是快樂的樣子。

　　分享是一種美德，把自己的東西與別人一起分享，哪怕是一些零食也好，一次愉快的經歷也好，當你選擇與別人分享，就是把他們放在你心中重要的位置，想到快樂就會想到他們。

　　分享是一種需要，誰都不可能擁有世上所有的美好，如果每個人都有一個想法，我把自己的告訴你，你把自己的告訴我，那麼我們每個人都擁有了兩個想法，

同理，如果每個人都能夠分享，那麼我們就可以擁有自己原本沒有的東西，讓自己和他人都更加幸福。

分享是一種境界，與廣場的鴿子分享你的麵包，與水池裡的金魚分享你的餅乾，與朋友分享你的快樂悲傷和成就，還有能夠用來分享的東西，那你的生活還有意義；還有能與之分享的人，那麼你的周圍還有朋友。

人的天性是樂於分享的，想想你剛出生的時候，當嬰兒的你不就與父母分享了自己的微笑和天籟般的呢喃嗎？只是隨著我們慢慢長大，受到了某些不好的影響，受到了太多的傷害，因此學會了把自私當作一種自我保護。

相信在你周圍，就有很多自私的人，不要向他們學習，因為自私會讓你感到失落，自私會讓你遠離快樂。自私的人總是對自己的東西格外「珍惜」，他們覺得只有自己的東西才是來之不易的。要想讓他們付出，哪怕是一點點，他們都會覺得難以忍受，他們根本體會不到分享的快樂。

別人從自私者的身上得到的只是不愉快的感覺。人們從自私者的身上看到的只有刻薄、吝嗇、卑鄙和無恥，自私是萬惡的根源，不要以為自私就能給自己帶來

自利，自私帶給你的只有孤立，這樣的生活充滿悲哀，不是嗎？

那些心胸狹隘的自私的人，因為自私、貪婪，所以並不懂得分享的美好，總在與其他的自私者為了各自的利益相互爭鬥，越爭鬥越自私，走入了一個可悲的循環。自私的人總是把自己放在第一的位置，他們不會從對方的角度來考慮問題，更談不上去尊重並重視對方了，讓自己吃虧，別人受益，對他們來說簡直是天方夜譚。

在自私的人看來，自己的東西永遠屬於自己，要想讓他們把自己心愛的東西拿出來與他人分享，簡直比登天還難！他們最擅長於自己的小算盤，眼裡看到的只有獲取。「付出」對他們來說，是一種沉重的負擔。

因為自私，他們不可能和別人建立親密的關係，私心只會讓他們成為一個生活的失敗者。沒有分享就不可能取得較大的成功，更不可能贏得別人的喜愛。所以，為了不成為一個失敗的人，你必須懂得分享，和家人、朋友甚至是陌生人共同分享生命中的美好。

有一天，有個女孩在機場候機，在起飛之前她還有好幾個小時時間，所以她買了一袋鬆餅後找了個地方坐

下，拿出一本書專心的看了起來。

　　她沉浸在書裡，卻無意中發現坐在她旁邊的男人，竟然從他們中間的袋子裡抓起一塊鬆餅吃。無恥！她心裡想著，不過想了想還是算了，不要為這種人發脾氣。沒想到，那個人又拿起了第二塊！

　　當那個「偷餅賊」繼續拿走她的鬆餅的時候，她越來越氣憤，她想：「如果我不是這樣寬容，我一定打得他鼻青臉腫！」她每拿一塊甜餅，他也跟著拿一塊。當只剩一塊時，她猜測他會怎麼做。

　　他的臉上浮現出笑意，並且略帶拘謹，小心翼翼地，他抓起了最後那塊甜餅，分成兩半，遞給她半塊，自己吃了另一半。女孩從他手中搶過半塊餅，並且想到：「這個傢伙還算有點良心，但他確實很無禮，為什麼連感謝的話都不說一句？」她賭氣似的吃完了半塊餅。

　　這時，她的航班開始通知登機，她如釋重負般鬆了口氣，收拾起自己的物品走向門口，連一眼都沒有看那位「偷竊而且忘恩負義的人」。她登上飛機，坐到自己的座位上，打算繼續看書。

　　當她把手伸進行李包，卻摸到了那一袋鬆餅！原來自己才是偷了別人的餅吃，卻沒想要道歉或者感謝的忘

恩負義的人！那個先生，卻為了保持一個女孩的自尊，
免得她窘迫不好意思，毫無怨言的與她分享了自己的鬆
餅。

　　女孩心裡很感動，心想如果以後有機會再見到這位
先生，一定要好好感謝他！

　　與家人分享不難，與朋友分享也不難，難就難在與
素不相識的陌生人分享。因為你們之間沒有任何涉及付
出和責任的關係，彼此的生老病死都不在另外一個人所
關心的範圍之內，因此一個能夠毫無怨言地與陌生人分
享食物、分享快樂、甚至只是分享一個微笑的人，必定
是一個心胸博大、熱愛生活的人。

　　胸懷博大的人與普通人的區別就在於，他們能夠
善於克服自己自私的一面，至少能夠表現出比別人少一
點的自私自利。這也是為什麼他們在人生的路上左右逢
源，廣受歡迎，能夠在生活的點點滴滴之中發現真善美
的原因。

　　秋天，當你見到雁群為過多而朝南方沿途以 V 字隊
形飛行時，其實這是在解釋一個最美妙的理論。當每一
隻鳥展翅拍打時，造成其他的鳥立刻跟進，整個鳥群抬

升。藉著 V 字隊形，整個鳥群比每隻鳥單飛時，至少增加了 71％的飛昇能力。這就是合作和分享的力量。

同樣的，如果我們在學習中，在生活上也能夠像野雁一樣分享彼此的力量，彼此借力共同完成艱難的長途跋涉，那麼我們也一定能夠完成更偉大的目標。

分享代表著一種氣度、一種胸懷，宰相肚裡能撐船，正因為胸襟足夠開闊，宰相才成其為宰相。只有你的心胸開闊，容得下世間萬物，才不可能萬般挫折；如果你心胸狹窄，連一粒沙土都容不下，是不可能有什麼大成就的。

在生活中，懂得分享就是把朋友和家人放在自己心中的重要位置上，當你快樂就會在第一時間想到他們，當你取得成績就會在第一時間想到與他們分享，同樣，當他們感受到了自己在你心中所佔的重要位置時，也會把你放到同等重要的位置，於是彼此的情感就有了進一步的提升。

懂得分享的人，你的快樂也會帶給別人快樂的感覺，你的幸福也是愛你的人的幸福，你的悲傷會有關心你的人給你安慰，你的心痛會有人給你安慰和擁抱。我們分享所有的美好，分享所有的甜蜜，當快樂從一個人

傳遞到兩個人再到四個人再到更多人，世界也就快樂了
起來。把你的快樂告訴別人，你也將得到別人的快樂。
將生命中點滴幸福和快樂與人分享吧！生命因為分享而
更加美好。

心靈小測驗：憂鬱症傾向

「無」為 1 分；「有時」為 2 分；「經常」為 3 分；「持
續」為 4 分。

    1. 我感到情緒沮喪，鬱悶

    2. 我感到早晨心情最好

    3. 我要哭或想哭

    4. 我夜間睡眠不好

    5. 我吃飯像平時一樣多

    6. 我的性功能正常

    7. 我感到體重減輕

    8. 我為便祕煩惱

    9. 我的心跳比平時快

    10. 我無故感到疲勞

11. 我的頭腦像往常一樣清楚

12. 我做事情像平時一樣不感到困難

13. 我坐臥不安，難以保持平靜

14. 我對未來感到有希望

15. 我比平時更容易激怒

16. 我覺得決定什麼事很容易

17. 我感到自己是有用的和不可缺少的人

18. 我的生活很有意義

19. 假若我死了別人會過得更好

20. 我仍舊喜愛自己平時喜愛的東西

指數＝總分／80X100。

指數在 50% 以下，屬正常範圍。

指數在 50% 至 59%，為輕度憂鬱。

指數在 60% 至 69%，為中度憂鬱。

指數在 70% 及以上為重度至嚴重憂鬱。

性格獨立　不要完全仰仗他人

　　現在的年輕人，大多數是獨生子女，從小在家裡備受呵護。有的甚至 10 多歲了，還和父母一起睡覺，而且父母也大多數呈強勢。雖然結婚了，但心理上總是沒有斷奶，柔弱的翅膀也就不會飛翔。

　　曾經的童年，曾經的無憂無慮，曾經的美好，是在很多成年人的關愛、呵護下度過的，一旦長大，都隨著成長而逝，不得不擔負起屬於自己的那份責任，隨之而來的是無盡的工作、無盡的競爭、無盡的壓力。

　　你要應付的事情很多，欺騙、猜忌、小人、陷阱、賺錢、朋友、結婚、生子、孩子上學、柴米油鹽、人情世故、工作進步、政治上進等等，有些事情你想都想不明白，防不勝防，自己就糊裡糊塗的被牽扯進去了，想想很可怕。

　　獨立，是成功人身上的一種成熟的魅力。獨立的女人就像《2046》裡鞏俐飾演的黑蜘蛛，有著一雙看破塵世浮華的淡漠的眼，一張誘人的烈焰紅唇，一襲黑色的

緊身小禮服，高貴優雅地出現在眾人面前，讓人有一種驚鴻一瞥的感覺。《甜蜜蜜》裡張曼玉飾演的展翹，則是一位可愛的女人。她是一株無論在什麼環境下都能夠茁壯成長的雜草，有著極頑強的生命力，有著獨到的見解。因為獨立使她們平淡的生命變得異常精采。

我們說的獨立，表現在各方面，不可想當然地以為在家的時候可以依靠父母，再大以後就可以依賴親人了。其實不然，不過你是為了何種理由，獨立都是上上之選。為了父母能看到你幸福的笑容，一定不能去拿父母口袋裡的錢。那是他們辛苦賺來的，不是你的。你要獨立起來，要為他們多著想。

在孩子們的心中，父母就像是一堵永不倒塌的牆。可是，沒有哪一個人永遠能當小孩，也沒有哪一個人永遠站在家庭的屋簷下。踏入人生，離開父母的港灣，離開親友的幫助，是人生的成長之路，我們必須學會獨立。

生活上需要獨立。如果你是學生，現在還沒有成年，暫時不需要自己去打工養活自己。但最基本的獨立本領就是能夠自理，管理好自己的零用錢，自己的事情自己做，自己煮飯等等。成年後，就要懂得自力更生，自己養活自己。

社會上流傳著這樣一句話：「真正懂得教育孩子的家長，給予孩子的絕不是萬貫家財，而是一筆獨立自強的精神財富。」美國五百家大公司之一的總裁斯坦利先生是世界巨富，他讓孩子懂得如何理財，如何賺錢，如何對待金錢，同時告訴孩子，自己辛苦賺得的錢是最珍貴的，要學會自己獨立。同時，學習上需要獨立。

當今有很多學生並不把學習看成是自己的事，經常要父母監督著、責備著來學習。有的人埋怨自己的父母不是大學生，自己比別人落後就覺得理所當然。但其實，學習最終還是要靠自己。

古今中外「將門虎子」屢見不鮮，居里夫人的女兒是科學家、諾貝爾獎獲得者；三蘇同是「唐宋八大家」……他們從小就受到父母的薰陶，使他們對某門學科產生興趣，這是他們成才原因之一。他們在艱難中自強不息，靠自己的努力，刻苦攻關，在各個研究方面取得了卓越的成就。可見，他們的成功絕非靠父母遺傳，而是靠自己的努力。常言道：「師傅領進門，修行在個人。」父母、老師給我們指明方向，指出學習方法，但他們不可能一輩子伴隨著我們走，進一步地學習、鑽研就要靠自己了。

169

　　如果你已經工作，那麼在工作上，你需要獨立。俗語說：「在家靠父母，出外靠朋友。」但這句話，在現在的社會中已經不大適用了。當今社會需要競爭，需要真材實料，需要自己動手做的人才，那些「走後門」的人已經沒有什麼地位。在工作上獨立，就要懂得自己找工作，靠自己的力量步步高陞，善於在領導面前展現自己的才華，不整天哀歎懷才不遇，獨立自主地完成任務，獨立解決困難，勇於嘗試等等。要如雨果所說：「我寧願靠自己的力量，打開我的前途，而不願求有力者垂青。」要相信「我就是我自身的主宰！」

　　國外有一句諺語：「自力更生勝過上帝的手。」一個人的成長，離不開父母的撫養，社會的哺育，老師的教導。不過，這些都是外在的因素，學會獨立才是關鍵。一個人在有利的條件下重視獨立能力、嚴格要求自己，才能邁向成功的彼岸！

心靈小測驗：說話的姿態

跟別人談心事，你注意觀察在你們交談時候他的姿態是

什麼樣子的，不同的姿態反應了你朋友不同的性格：

A、一隻手撐著臉頰

B、不停地搓揉著耳朵

C、手不停地撫摸下巴

D、拇指托著下巴，其餘手指遮著嘴巴或鼻子

選擇 A：

這種人是屬於比較沒有衝勁的人。他(她)會一隻手撐著臉頰，表示他(她)無法專心地聽你講話，只期待你快點結束話題，或者是輪到他(她)發言。事實上，他(她)也不是真有什麼話要講，只是覺得你的談話很煩而已。這種人通常是整天懶懶散散的，做什麼事都提不起勁，對於朋友的事也不會很熱心，似乎整天就想發呆。如果你跟他(她)不是很熟，你在講話時看見他(她)一隻手撐著臉頰，那你最好趕快結束話題，不然就是換一個他(她)感興趣的話題，才不會得罪對方。

選擇 B：

由他(她)不停地搓耳朵來看，他(她)是屬於靜

不下來的人，不然就是很喜歡講話，不喜歡當聽眾的
人。通常一個人不耐煩的時候，可以控制自己的聲調和
表情，讓你不會發現他的不耐煩，但是他(她)的肢體
在下意識中就會做出一些透露他(她)心中訊息的動作，
而這些是人無法去偽裝的，就算你的肢體表演功力很
高，也會不自覺地露出一些破綻。如果你發現你的聽眾
一直在摸耳朵，這個時候，你最好停下來徵求對方的意
見。不然，很有可能是你說你的，他(她)煩他(她)的，
你們的關係就不容易搞好了。

選擇C：

　　他(她)是一個很喜歡思考的人，常常一個人陷入
沉思中，連你在講什麼，他(她)都聽不見。如果不信
的話，下次你再看他不停地撫摸下巴時，問他(她)你
剛剛講什麼，他(她)一定答不出來。這種人雖然是喜
歡想東想西，但是還不至於會去算計別人，只是有時候
會鑽牛角尖，一個人陷入思考的迷宮中走不出來。因為
他(她)容易胡思亂想，在人際關係上的表現也是比較
神經質的。你瞭解他(她)的人際特點之後，就要避免
給他(她)一些暗示，他是很敏感的人，什麼事沒講就

會一個人亂想，和他(她)相處或交談是很麻煩的。

選擇D：

　　他(她)是一個很有主見的人，因為在你講話時，他(她)總是以手摀住嘴巴附近的部位，這就暗示他(她)似乎不是很同意你的說法，只是他(她)不好意思說出來，而這種動作就是怕一不小心說溜嘴的防衛姿勢。通常會以手遮住嘴巴或鼻子的人，在心理的反應上有兩種可能，一個就是想反駁你，一個就是在說謊。你瞭解了這種肢體的反應之後，如再遇到他(她)有這種姿態，就可更仔細地觀察他(她)，是在聽你講話時遮嘴，還是在說話時遮嘴。如果是在說話時，那就很明顯的是言不由衷；如果是聽你說話時，那就是不同意你的說法，那麼你說話時最好有所保留。

173

正確看待財富　不做金錢奴隸

猶太人流傳著一個關於欺騙的故事：

一個人來到智者面前向他訴苦，說有人騙了他。

智者問他：「那麼他做了什麼呢？」

這個人說：「他說他能夠把任何一種金屬變成金子。他做給我看了，我親眼看見事情的發生。然後他說，我應該把我所有的金子帶來，他將使它變成 10 倍的金子。所以我給了他我所有的金銀首飾，而他卻拿著這些逃走了。他騙了我。」

智者告訴這個人：「是你的貪婪騙了你。不要把責任推到別人身上。你是貪婪的，而貪婪是愚蠢的。你希望你的金銀首飾變成 10 倍多，那個念頭騙了你，那個人只不過是利用了這個機會，如此而已。你是真正的問題所在。如果他不騙你，別人也會把你給騙了。」

所以，是誰在騙你不是問題，關鍵是你有沒有貪婪的本性，你有沒有會上當受騙的劣根性。如果有人騙

你，這顯示你有某種希望受騙的傾向。如果某人能夠對你撒謊，這意味著你和謊言有某種親和力。一個真實的人是不可能受騙的，一個生活在真實中的人不可能成為說謊者的犧牲品。只有一個說謊者才會被另一個說謊者欺騙。

　　每個人都在無止境地努力著，都在努力追求一種更好更高的生活品質，這是正常的需求。每個人都有一份「貪心」，這份「貪心」一旦失去了控制就會如同大海的波濤一樣反噬自己的靈魂，每個人或多或少都曾有過發大財的夢想，不過「君子愛財，取之有道」，只有控制住貪念，使這種夢想控制在法律道德所允許的範圍內，才能不至於到頭來「竹籃打水一場空」。

　　金錢是人人都喜歡的東西，但是獲得金錢的最恰當途徑只有一條，那就是用自己的勞動和智慧賺取合理的回報。投機往往會失去機會，貪婪往往會一無所有。

　　有個猶太婦女到百貨公司去購買東西，回到家裡把東西從袋中取出，忽然滾出一枚戒指。她並沒有買這樣貴重的東西。她把這件事告訴了小兒子，並領著小兒子一起找拉比，請教如何處理這件事。

拉比給她講了《猶太法典》中一則故事：

猶太拉比西蒙・本・捨塔靠砍柴為生，每天要把砍的柴從山裡背到城裡去賣。拉比為了節省走路的時間好研究《猶太法典》，決定買一頭驢。

拉比向阿拉伯人買了一頭驢牽回家來。徒弟們看著拉比買了頭驢回來，非常高興，就把驢牽到河邊去洗澡，結果驢脖子上掉下來一顆光彩奪目的鑽石，足足有 10 克重！徒弟們高興得歡呼雀躍，認為從此可以脫離貧窮的樵夫生活，專心致志地研讀《猶太法典》了。

可是，出乎徒弟們意料的是，當他們把鑽石的來歷告訴拉比後，拉比帶著他們趕到街上把鑽石還給阿拉伯人。拉比說：「我買的只是驢子而沒有買鑽石，我只能擁有我所買的東西，這才是正當行為。」

阿拉伯人非常驚奇：「你買了這頭驢，鑽石是在驢身上，你實在沒有必要拿來還我，我不理解，你為什麼要這樣做呢？」

拉比回答：「這是猶太人的傳統，我們只能拿支付過金錢的東西，所以鑽石必須歸還給你。」

阿拉伯人聽後蕭然起敬，說：「你們的神必定是宇宙最偉大的神。」

　　婦人聽完這則故事，立即決定回去把戒指還給百貨公司，但卻不知怎麼說才好。拉比說：「我也不知道戒指是屬於百貨公司的，還是屬於店員的。如果對方問你為何要退還戒指，你只需說一句話就行：『因為我們是猶太人。』請你帶兒子一起去，讓他親眼見到這件事，他一定會終生記住自己的母親的正直與偉大。」

　　從這個故事中，我們可以得到這樣的啓發：金錢對於靈魂的腐蝕是非常厲害的，而要抵禦這種腐蝕又必須是非常有原則的，那就是不要對不屬於自己的財富眼紅。要正視金錢的價值，保持自己的心態，不能做金錢的奴隸，而是要做金錢的主人。

　　有一個年輕人，父母雙亡，從小就幫地主家放牛，沒有讀過一天書。在他 20 歲的時候，地主還給了他自由，不過卻沒有給他一分錢。青年人十分愁苦，不知道下一步該怎樣養活自己。

　　他來到了廟裡，問一位德高望重的老僧道：「我已經一無所有了，該怎麼辦呢？」

　　老僧說：「我給你一萬兩金子，換你的一隻耳朵，

你願意嗎？」

　　青年人搖頭，說：「不願意。」

　　老僧又說：「那我給你兩萬兩黃金，換你一雙腳，你願意嗎？」

　　青年人又搖頭說：「不願意。」

　　老僧繼續問道：「我用 4 萬兩黃金換你雙手，你願意嗎？」

　　青年人連連搖頭，說：「我絕對不願意。」

　　老僧接著問：「那麼，我用十萬兩黃金來換你一雙眼睛，你願意嗎？」

　　青年人堅決的說：「無論多少錢，我都不願意。」

　　老僧說：「年輕人，你已經擁有了這麼多財富，還有什麼可憂愁的呢？」年輕人思考了後，終於醒悟。

　　離開寺廟後，他花了十年時間學習經商之道，又花了十年時間辦起自己的店舖，成了真正的百萬富翁。

　　許多人也並非自己想要東遊西蕩，不切實際，但卻老是找不到方向，鬱鬱不得志，抱怨自己生不逢時或者自己的條件不好。其實，這些人都是中了金錢的圈套，而忽略了自身創造價值的重要。

只要憑藉自己的雙手，我們可以創造奇蹟。

有這樣一個員工，在公司裡一向業績出色，深得老闆器重。後來，公司有意委派他去海外工作兩年，請他考慮考慮之後給個回覆。

在旁人看來，這是天大的好事。因為在海外工作有不菲的補貼及薪水不說，按公司慣例，從海外回來後，公司一般都會委以重任，大家都以為這位同事會毫不猶豫地答應。然而出乎絕大多數人的意料，一個星期後，同事委婉地拒絕了公司上層的好意。

大家對他的做法很不解。有天，終於有人耐不住好奇心，向他問起了此事。他是這樣告訴那人的：「我當然知道去海外的種種好處，可是我覺得目前的工作已經讓我有點超過負荷，如果再給自己不斷施壓，一心想著升職賺錢之類的話，我擔心自己的生活會徹底地被工作佔滿。更何況我已經有了家庭，有個深愛我的妻子，我不忍心兩個人就此分開那麼久，她會寂寞痛苦，我也會過得不快樂。工作和賺錢是為了更好地生活，但不是生活的全部。為了生活得更好，我寧可選擇放棄一部分。」

179

　　這位員工的豁達與坦誠著實讓同事感慨很多。他是一個聰明的人，他知道自己該要什麼，更知道自己應該放棄什麼。他追求事業與財富，但是不會為了這些就捨棄生活，說得更白一點，他不為錢活著，不做金錢的奴隸。他熱愛生活本身，這樣的取捨在如今這個崇尚物質財富的時代裡顯得那麼難能可貴。

　　對財富、金錢的不懈追求並沒有什麼錯，只是一個真正懂得生活的人，他會明白，生命裡不是只有賺錢這一件事，還有很多更重要的東西；如果讓賺錢本身將生活填得滿滿的，容不下其他，即使有再多的錢，好日子也不會來。真正具備生活智慧的人不是苦行僧，也會追逐財富和享受，只是他不會做金錢的奴隸。

　　面對機遇和挑戰並存的社會，我們要改變觀念，樹立正確的價值觀，學會分享、獨立，不做金錢的奴隸。改變觀念才能改變生活。改變自私，學會分享；改變依賴，學會獨立；改變貪婪，學會正確看待財富。觀念的改變會讓我們生活得更輕鬆，緩解壓力的一個重要方法就是改變觀念。

心靈小測驗：從不同意見看你的財富盲點

當你和同事在工作中出現不同意見時，你會怎麼做？

A、堅持己見

B、希望和同事多溝通

C、不和同事爭，不再堅持自己的意見

D、請旁人來評理

A：你是個很有主見，非常自信的人。

在理財方面，你過於相信自己的賺錢能力。一方面，你的自信是你致富的條件和本錢，另一方面也可能成為你投資失敗的致命傷。

B：你有著很好的溝通習慣，非常適合在一個團隊中擔當要職。

你良好的人際關係也會對你的財富累積大有幫助。

C：你不善於處理衝突衝突，因此選擇避讓的方法來處理這種衝突關係。

在理財方面，你經常會對自己的投資決定猶豫不決，即使已經制定了非常好的理財規劃，也很有可能因為別人的一句話而改變自己最初的想法。

D：這是個不涉及個人主觀意識之爭的好方法，避免了與對方的衝突。

你在理財方面善於聽取旁人的意見，這將對你今後發財致富有著很大的幫助。

第五章
體能靜心術
身體是心靈的依托

生活在都市叢林的現代人，因工作忙碌，經常在外用餐或者隨便吃吃，而忽略了飲食也是防治疾病、促進健康、延緩衰老的重要因素。不良的飲食習慣不僅會影響健康，還會降低工作效率，影響工作質量。在嘗試讓你身體健康的飲食方法之前，不妨先改掉不良的飲食習慣。

01

都市人的　減壓食譜

　　現代人生活節奏快，社會競爭大，多數人都感到心理壓力大，很多的都市人都處在亞健康的狀態，因而出現了幾種減壓方法與場所。其實，美食也有減壓的作用。當人在承受較大的心理壓力時，身體會消耗比平時多 8 倍的維生素 C，所以一定要盡可能多地攝取。

　　正常人體內是一個弱鹼性的環境，PH 值爲 7.35～7.45。當人體處於疲勞狀態時，體內代謝後產生的酸性物質會聚集，導致思維遲滯，肌肉痠軟，疲勞加重。因此，多吃鹼性食物，使體內酸鹼達到平衡，就能緩解身體疲勞，以及減輕心理壓力。我們常吃的食物中屬於鹼性的有：蔬菜、水果、菌藻類，如海帶、木耳、菠菜、胡蘿蔔、芹菜、白菜等等。水果吃起來口感是酸的，但在體內氧化分解後會產生鹼性物質，故也屬於鹼性食物，如西瓜、蘋果、菠蘿、梨等。

　　心情抑鬱的時候、壓力大的時候，用美食犒賞你自己吧！一根香蕉、一杯牛奶，既不必擔心發胖，又可以

瞬間快樂起來，何樂不爲呢？不過這裡面也是有些學問的，到底哪些美味可以改變你的心情，不妨就來看個究竟……

多吃粗糧是減壓良方：

長期的壓力和疲勞常會導致胃腸功能紊亂，俗話說是「上火」、便祕。食物中的膳食纖維能促進胃腸蠕動，幫助排便，減少胃腸疾病。補充膳食纖維最簡單的方法就是多吃蔬菜、水果，多吃粗糧。蔬菜、水果中的膳食纖維以可溶性膳食纖維爲主，如蘋果，就含有豐富的果膠。粗糧的膳食纖維中有很多粗纖維，如玉米麵、蕎麵、豆麵等。所以，在食譜中不要光吃白米、細麵，像嫩玉米、蕎麥麵等，也應列在其中，還可以全麥麵包代替精製白麵包。這些都是增加膳食纖維的好辦法。

香蕉、乳酪穩定情緒：

人體內的礦物質在新陳代謝中有很重要的生理作用。鈣是天然的神經系統穩定劑。食物中含鈣高的有乳酪、牛奶、蝦皮、蛋黃、芝麻醬、綠葉蔬菜等。

鎂、鉀也是重要的神經傳導物質，可以讓肌肉放鬆，心跳有規律。富含鎂、鉀的食物有：香蕉、杏仁、花生、海鮮、豆類、馬鈴薯等。

　　鋅是合成蛋白質和核酸的重要輔助因子，也是糖代謝中的重要輔助，因此維持血糖平衡不能缺少鋅。大腦的能量來源只有葡萄糖，所以血糖過低既影響工作效率，也影響情緒。富含鋅的食物有蛋類、麥芽、瘦肉、海鮮、蝦皮等。

新鮮蔬果是很好的減壓劑：

　　新鮮蔬果是為人體提供維生素的最佳來源。維生素分為兩大類：脂溶性和水溶性，而維生素 C 和 B 族維生素這兩大類水溶性維生素對緩解精神壓力、平衡情緒作用最為顯著。

　　B 族維生素是人體內神經系統、物質代謝過程中不可或缺的物質。可以營養神經，調節內分泌，達到平衡情緒、鬆弛神經的效果。我們常吃的食物中含 B 族維生素較多的有：胚芽米、糙米、全麥麵包、深色蔬菜、低脂牛奶、豆漿、蛋類、番茄等。維生素 C 也參與人體代謝過程，有維持細胞膜完整性的功能，可以增強記憶力。因此同樣具有平衡心理壓力的效果。

　　食物中富含維生素 C 的是各種新鮮蔬菜和水果，所以上班族們要幫自己在食譜中適量增加新鮮蔬菜、水果的量。吃多少呢？最好每天都有水果，1～2 個蘋果，1～

2個柑橘，草莓10個左右，或芒果、木瓜都行。白天工作忙，可在晚餐後準備好，在晚上休息時吃掉。

　　每天的蔬菜應該吃500克左右。蔬菜的種類應該多種多樣，根、莖、葉、花、瓜、果都要有。瓜，如黃瓜、南瓜；果，如西紅柿、茄子；根，如胡蘿蔔、馬鈴薯；莖，如芹菜；葉，如菠菜、油麥菜等。

　　在介紹了減壓食物後，下面為大家介紹一些提神食物：名列在第一位的是堅果類食品。如核桃、榛子、松子。因含有微量元素銅、鋅等，又有較多的不飽和脂肪酸，能夠激活大腦的神經反射活動，補充大腦營養，強健大腦系統，緩解由於長期腦力活動帶來的疲勞。

　　名列第二位的要屬芹菜、香蕉、檸檬。所富含的芳香劑和礦物質鉀，能興奮神經系統，提高大腦的信息接受能力。

　　還有葡萄糖，這是大腦的唯一能量來源。簡單地說，能提供葡萄糖的食物都能提神醒腦。適量給自己吃一些糖類也是補充葡萄糖的一個途徑。兩小塊巧克力，既可以補糖，又有助於增加愉快的心情，喝牛奶時加點糖也是不錯的辦法。

　　除此以外，還要給身體提供碳水化合物。主食吃進

體內，在較短的時間裡就可以轉化成葡萄糖。因此，我們主張上班族們一定要吃到足夠的糧食。這就是我們說早餐除了要吃雞蛋、牛奶，必須要吃主食的道理。

而垃圾食品就是我們要遠離的。比如有的人喜歡吃快餐，喜歡吃油炸食品，其實這些食物不但不能減壓反而還會增壓。冰淇淋、炸雞、薯條、披薩、漢堡、起士蛋糕、帶皮的雞鴨肉類等含高脂肪的食物，過多吃進高脂肪的食物，會造成消化不良。還有酒、濃咖啡、濃茶、辣椒、咖哩等，攝入過多很容易造成過度興奮，情緒焦躁。一些含鹽量較高的罐頭食品、泡麵、香腸、火腿、熱狗、醃製品等，吃多了，也會讓情緒緊張。這些食物不能減壓，反倒容易造成壓力。

心靈小測驗：測試你是否適合投資股票

當你看上了一件很貴的衣服想買，但是再過一個月就過年了，商店可能會有打折活動，這時，你會怎麼做？

　　A、說服自己一個月後買會更便宜

　　B、二話不說買下來

C、還是覺得太貴，不買了

選擇 A：

你很適合投資股票，你能精準的判斷什麼時候花錢能取得利益最大化。

選擇 B：

你不適合進行股票投資，因為憑一時興起做事是炒股大忌，你應該考慮的更為慎重。

選擇 C：

你有投資股票的潛力，須知金錢是賺來的而不是省來的，在現實中多多學習，你可能會做得很好。

改掉不良的 飲食習慣

　　生活在都市叢林的現代人，因工作忙碌，經常在外用餐或者隨便吃吃而忽略了飲食也是防治疾病、促進健康、延緩衰老的重要因素。

　　不良的飲食習慣不僅會影響健康，還會降低工作效率，影響工作質量。在嘗試讓你身體健康的飲食方法之前，不妨先改掉不良的飲食習慣。

不良習慣之一：不吃早餐

　　據醫學專家證實，不吃早餐不僅會傷害腸胃，使人感到疲倦、胃部不適和頭痛，還極易產生膽結石，而且特別容易使人顯得蒼老。長期不吃早餐的人，皮膚乾燥，容易產生皺紋，提前老化。同時，由於早餐離前一天晚餐時間相距太長，胃壁特別容易受腐蝕而造成潰瘍。

　　國外某大學經研究發現，在接受調查的7000人中，不吃早餐的人死亡率高達40%，而另一所大學在一次對80至90歲老年人的研究中發現，他們長壽的共同點之一是：每天吃一頓豐盛的早餐。

不良習慣之二：晚餐太豐盛

傍晚時血液中胰島素含量為一天中的高峰，胰島素可使血糖轉化成脂肪被凝結在血管壁上，晚餐吃得太豐盛，久而久之，人便肥胖起來。同時，持續時間較長的豐盛晚餐，還會破壞人體正常的生理時鐘，容易使人失眠。

不良習慣之三：嗜飲咖啡

過量咖啡的攝入容易使人罹患心臟病。咖啡中含有高濃度的咖啡因，可使心臟功能發生改變並可使血管中的膽固醇增高。嗜飲咖啡，還會降低工作效率。

不良習慣之四：餐後吸菸

飯後吸一支菸，中毒量大於平時吸十支菸的總和。因為人在吃飯以後，胃腸蠕動加強，血液循環加快，這時人體吸收菸霧的能力處於最佳狀態，菸中的有毒物質比平時更容易進入人體，從而更加重了對人體健康的損害程度。

不良習慣之五：保溫杯泡茶

茶葉中含有大量的鞣酸、茶鹼、茶香油和多種維生素，用 80℃ 左右的水沖泡比較適宜，如果用保溫杯長時間把茶葉浸泡在高溫的水中，就如同用微火煎煮一樣，

會破壞茶葉中的維生素，使茶香油揮發，鞣酸、茶鹼大量滲出，這樣不僅降低茶葉的營養價值，還使有害物質增多。

不良習慣之六：筵席不離生食

三文魚、象拔蚌、鯉魚、烏魚、生魚片、蟹等等⋯⋯是辦公室一族商務宴請時的熱門食物，這些生食中存有寄生蟲和致病菌的幾率很高，再加上廚師們為了追求味道的鮮美，烹調溫度往往不夠充分，很容易讓你在大快朵頤之時，病從口入。

不良習慣之七：水果當主食

很多辦公室一族由於長期靜坐的關係，運動量不足，出於減肥的目的，很少攝入主食，經常以水果代替。專家提醒水果不能當主食，因為水果中雖然含多種維生素和糖分，卻缺少人體需要的蛋白質和某些微量元素。

不良習慣之八：進食速度過快

加重腸胃負擔，導致肥胖。很多辦公室一族的午餐都是在非常匆忙的狀態下吃完的。進食速度過快，食物未得到充分咀嚼，不利於口中食物和唾液澱粉□的初步消化，加重腸胃負擔。咀嚼時間過短，迷走神經仍在過度興奮之中，長此以往，容易因食慾亢進而肥胖。

不良習慣之九：飲水不足

水分攝入不足，容易導致腦部老化。辦公室一族在工作中，由於工作時精神高度集中，很容易忘記喝水，造成體內水分補充不足。體內水分減少，血液濃縮及黏稠增大，容易導致血栓形成，誘發腦血管及心血管疾病，還會影響腎臟代謝的功能。

最佳喝水時間還有在每日三餐飯前半小時至 1 小時內之間。此時喝水「味」亦更佳，因為水在胃裡暫時停留後便很快進入血液，補充至全身，以保證身體對水分的需要。同時，飯前飲水能使身體分泌出足夠的消化液，以促進食慾。那些認為口渴時喝水「味」最佳的看法是不科學的。

不良習慣之十：常吃外食便當

無論上班族還是學生，午餐吃外食便當的機會相當多，但是外食便當過於油膩，口味偏重，而且可能添加化學調味料，這些往往成了看不見的肥胖因子。在無法避免吃外食便當的情況下，具備正確的飲食觀念就顯得尤為重要，例如：盡量減少油炸類或高熱量的食物，多挑選蔬菜或蒸煮的食物作為配菜。

不良習慣之十一：少吃一餐來減肥

　　許多人以為不吃晚餐或早餐會瘦，其實這絕對是個訛傳，在少吃一餐的情況下，反而容易造成另外兩餐的過量攝取，導致體內脂肪堆積，讓身材變得更糟糕。醫學界有針對飲食所做的研究，結果發現相較於一天正常吃三餐的人，一天吃兩餐的人會出現更嚴重的肥胖問題。由此可知，減重的概念在於熱量控制，少吃一餐非但對減重沒有幫助，甚至可能造成反效果，所以均衡飲食才是最重要的。

不良習慣之十二：空腹跑步

　　空腹跑步會增加心臟和肝臟的負擔，而且還極容易出現心律不齊，甚至導致死亡。50歲以上的老人，由於利用體內游離脂肪酸的能力與年輕人相比要低得多，因此其發生意外的機率更大。

不良習慣之十三：用油漆筷子吃飯

　　油漆含有多種對人體有害的化學物質，其中的硝基成分被吸收後，會與含氯乙胺的物質合成具有強力致癌作用的亞硝酸。

不良習慣之十四：魚刺卡喉後喝醋

　　醋非但不能排出魚刺，相反還會引起粘膜燒傷、氣管水腫。

不良習慣之十五：餐桌上鋪塑料布

塑料布是由含毒的游離態聚氯乙烯樹脂製成的。餐具經常接觸這種有毒物質，就會使人慢性中毒。

不良習慣之十六：醉酒後喝濃茶

茶中的咖啡鹼與酒精反應會產生不良作用，加重醉酒人的痛苦。

不良習慣之十七：低度酒也久存

酒越陳越香，這對白酒或黃酒來說，是有道理的。但對低度酒，如啤酒、葡萄酒來說，就不是如此了。因為白酒在貯存過程中，可使酒中的甲醇逐漸氧化，生成芳香酯，並使酒中的乙醛揮發。同時酒和水分子產生聚合作用，使酒醇香、辛辣感減少或消失，所以越陳越香。但貯存期也有一定限度。低度酒中的啤酒和葡萄酒由於含有豐富的蛋白質和糖類，微生物容易生長繁殖，使酒變質，產生酸味。因此，低度酒不宜久存。一般瓶裝啤酒可保存 2—4 個月。

心靈小測驗：從吃飯看你的優點

題目：如果在你前面有鍋剛剛煮好熱騰騰的白米飯，你會選擇哪種吃法呢？請從下面選出你最喜歡或最想要品嚐的一種吧。

A、加上些許菜汁

B、做成海鮮燴飯

C、加上一個雞蛋

D、加上一些紫菜

E、加些酸菜

F、加上海鮮醬

G、加一條沙丁魚

H、做成鰻魚飯

A：選「加上些許菜汁」

喜歡這種米飯吃法的朋友，你的腦筋轉動的速度極快，喜歡在群體中帶領話題的進行。這種人頭腦的反應力，就像舉一反三這句成語一樣，領悟力極高，但有時也要注意傾聽別人的心聲。

B：選「做成海鮮燴飯」

喜歡這種米飯吃法的朋友，你的味道極重，海鮮燴飯代表著自我表現欲。選擇海鮮燴飯的人，會時時注意週遭的動向，並富有極高的行動力。

C：選「加上一個雞蛋」

喜歡這種米飯吃法的朋友，你對自己的體力相當有自信，或者是希望自己能擁有強盛的體力。平日的動作極大，聲音也很大，是一個運動能手，精於各樣運動。

D：選「加上一些紫菜」

喜歡這種米飯吃法的朋友，你的個性溫和，平日的行為從容不迫。不善於與別人爭奪或競爭，更不可能與人吵架。

E：選「加些酸菜」

喜歡這種米飯吃法的朋友，你擁有單純且坦率的性格。不善於思考困難的問題，只要快速的得到結論即可。對別人的話語深信不疑，是個標準的好人。

F：選「加上海鮮醬」

喜歡這種米飯吃法的朋友，你擁有一顆赤子之心，討厭孜孜不倦的做著麻煩的事情。且由於個性溫和，會盡量避免與人爭鬥的情況發生。

G：選「加一條沙丁魚」

喜歡這種米飯吃法的朋友，你喜歡受到大家注目，討厭平凡的事物。擁有對任何事都會認真進行的積極個性，但有時略嫌性急。

H：選「做成鰻魚飯」

喜歡這種米飯吃法的朋友，在競爭對手愈多的情況下，愈能激起堅強的鬥志。由於無法靜下心來，故較不擅長始終做著同一件事，但由於擁有熱情，在工作上較容易獲得成就。

選擇適合你的　運動方式

　　現代社會生活中，尤其是在節奏緊張、競爭激烈的大都市中，人們忙碌於工作、學習、人際交往、家庭事務之中，忽略了運動對保持和促進健康的重要性，很難抽出時間鍛鍊身體。於是，由於缺少運動所導致的亞健康狀態、各種疾病日益顯現出來。

　　而運動是延緩衰老、防病抗病、延年益壽的重要手段，如果能堅持運動，生命將會呈現另一種色彩。因此要透過運動來提高整個身體的防禦能力，包括肌肉的、骨骼的，還有整個內臟系統和身體循環系統的改善。

　　以下為大家介紹幾種適合都市人運動的方式，大家可以根據自己的職業和愛好資助選擇：

　　登山的適宜人群為在暗無天日的電腦機房工作的資訊科技業。理由是，從事資訊科技業的人終日在密不透風的電腦房裡，整天被電腦散發的混濁氣體和輻射困擾，頭腦昏沉，如果週末還泡在健身房裡，你那久未呼吸到新鮮空氣的皮膚和身體都會向你發出強烈的抗議。

　　週末登山，讓自己置身於大自然中，盡情呼吸，痛快流汗，把一周的煩悶和疲勞通通丟掉。登山是極佳的有氧運動，可以促進新陳代謝，加速血液循環，還可以提高耐力和腿部力量，增強心肺功能。

　　長跑的適宜人群為工作從來都在久坐中度過，容易發生諸如腰疼、頸椎病等，如編輯、自由撰稿人等。按理說，長跑對這類人比較適用，但靠週末集中跑兩天，不但效果不大，而且長跑是較劇烈的活動，不宜在週末進行。自由自在的水中慢跑是一項理想的運動，因為在水中慢跑，能平均分配身體負載，比在陸地跑有明顯的優勢，而且在深水中，跑步者下肢不受震盪，因而不易受傷，運動後會有通體舒暢的感覺。

　　水的阻力是空氣阻力的 12 倍，在水中跑 45 分鐘相當於陸地跑兩小時，水中慢跑對肥胖者尤其適用。由於水的密度和傳熱性比空氣大，水中慢跑消耗的能量也比陸地多，可以逐漸去掉體內過多的脂肪。

　　逛街適宜人群為從早到晚都待在辦公室裡的女性。這是最受女性歡迎的休閒方式之一，也是一種很好的有氧運動，與健身房裡枯燥的器械訓練相比，逛街不僅讓女性在不知不覺中鍛鍊了身體，還愉悅了心情，是兩全

其美的健身方法，如果順便還能買到好東西就是意外收穫。女性逛街少則兩、三個小時，多則一天，不停的運動可以增加腿部力量，消耗體內大量的熱量，達到健身的效果。

保齡球適宜人群為在某個職位已做了很長時間，卻久久得不到升職機會的人。一直辛勤地工作，卻總是苦於得不到上級的青睞，你改變不了這種情況，但當你甩出保齡球的那一瞬，所有的怨氣和苦悶好像都被一起甩出去，那份快感只有一個「爽」字了得！得分的節節攀升讓你找回了自信，幾局下來你對工作和人生又充滿了希望。只要你打保齡球時姿勢正確，全身 200 多塊肌肉都能得到鍛鍊。

溜冰適宜人群為平時活動少，即使週末也懶得鍛鍊的人。溜冰是集鍛鍊、娛樂於一身的健身項目，對懶人來說，是最輕鬆的、說說笑笑就能達到健身效果的運動，

皮拉提斯適宜人群為缺少運動，對身材不滿意，在與客戶的飯局上又管不住自己嘴巴的美眉，如：在市場部、公關部、營銷部等部門工作的女性。

據說這項運動對減肥、改善形體有近乎神奇的效果，讓那些下決心減肥卻又禁不住美食誘惑的人終於找

到了天堂。皮拉提斯是調節和加強肌肉的妙招：比起有
幾分相像的瑜伽，在中西合璧方面做得更出色，既融入
了西方人的剛——注重身體肌肉和機能的訓練，又融入
了東方人的柔——強調練習時的身心統一，每個姿勢都
要和呼吸協調，而且比瑜伽更簡單，易於掌握，運動強
度也比瑜伽稍高。

這種既有針對手臂、胸部、肩部的練習，又有腰腹
部和背部的力量練習，也有增強柔韌性的伸拉訓練，各
個部位都可以得到充分繃緊和伸拉，短短的 45 分鐘就能
明顯地感覺到腹部的肌肉收緊了。

騎馬運動適宜人群為工作壓力非常大，且有一定風
險，如自己開公司者或公司的管理層等。他們神經終日
繃得很緊，真的很累。想想，週末在藍天白雲下自由地
馳騁，不是比打高爾夫更能滿足你那顆想飛的心嗎！天
地之大，畢竟我們每個人的生活圈子只是世界的一隅，
我們渴望脫離開那個小圈子，渴望更廣闊的天地，也許
在騎馬的時候，在飛馳的剎那間，我們心中的夢想已實
現了一半。

騎馬可以鍛鍊你的敏捷性與協調性，並且可以使你
的全身肌肉都得到鍛鍊，尤其是腿部肌肉。騎馬一小時

消耗的熱量達 2700 卡路里，與打一天高爾夫的運動量相同。

潛水適宜人群為天天朝九晚五、按部就班地工作，沒有什麼變化的人群，如政府公務員、文書等。生活的一成不變，你已經煩了。也許在你的心底早已渴望變化和刺激，只是不敢嘗試。潛水將會滿足你對刺激和自由自在生活的期盼，在遠離人群的水底，你彷彿來到一個與現實完全不同的世界，在這裡，你可以不管不顧，好似一條自由自在的魚，那份感覺真是快樂似神仙。從水底回到現實世界，你會有脫胎換骨的感覺，原本羈絆在心底的那些癥結、煩惱也變得那麼無足輕重。

潛水是全身運動，其運動效果和游泳不相上下。另外不會游泳的人也可以參加。

心靈小測驗：亞健康測試

有資料統計，全世界人口中，70%的人處於亞健康狀態。女人在亞健康人群中佔到相當多的比例。疲勞、困乏，時常這痛那兒癢，到醫院檢查，各項指標還都正常，其

實你已經被列入了「亞健康」的範疇，所以，你需要一些簡單的方法，隨時全方位掌控自己的健康狀況。

1. 鞠躬 VS 心臟

遊戲前先靜坐 5 分鐘，測得每分鐘脈搏數 A；然後身體直立，上體微向前屈，再還原，其實就是鞠躬的姿勢，連續做 20 個（頻率適中），測得脈搏數 B；休息 1 分鐘，再測脈搏數 C。將三次脈搏數相加，減 200，再除以 10。

得出的結果在 0~3 之間，說明心臟強壯；在 3~6 之間，說明心臟良好；6~9 之間狀態一般；9~12 之間恐怕你要時刻關注心臟的問題了，若是在 12 以上，還是盡快去看醫生吧。心臟功能較弱的人可以多進行些輕微的有氧運動，並注意心態的調適。

2. 單腳立 VS 人體老化

被測者雙手自然下垂，緊貼大腿兩側，閉上眼睛，用一隻腳站立，另一人看碼錶。根據其單腳獨立穩定不移動的時間，來判斷老化程度。

30~39 歲男性為 99 秒；40~49 歲男性為 84 秒；
50~59 歲男性為 74 秒；60~69 歲男性為 58 秒。女性比男
性推遲 10 歲計算。站立時間越長，老化程度越慢。未達
標準者，你的生理年齡已經高於你的實際年齡了，需要
保養身體，保持心情愉悅。

3. 屏氣 VS 肺

雖然一刻不停地仰仗肺來呼吸，但沒有什麼能比
SARS 突襲時更讓人們意識到肺的重要。透過屏氣的測
試可以讓你察覺你的肺是否健康。游泳的時候或者盆浴
的時候，先深吸一口氣，然後將頭埋進水裡，屏住呼吸，
再慢慢吐出，看能維持多長時間，當然是越長越好。

如果在 30 秒以上，就說明你的肺很健康；能達到 1
分鐘，你的肺就十分強壯了。一個 20 歲左右的健康人，
甚至可以持續屏氣 90~120 秒，想提升肺的質量，可以在
空氣良好的環境裡做深呼吸，並主動咳嗽，這樣可以排
出沉積在肺中的雜質。

微笑與呼吸　隨時隨地，幫你減壓

人們每天高呼著：「我們需要發洩。我們需要哭泣。我們需要怒罵。我們需要搏擊。」但是，我們是否忘記了「微笑」的功力。

人都是在自己編造的謊言中迷失的。其實，裝白癡比裝深沉來得快樂，而裝單純比裝酷會來得容易。我們每天都為自己的退化編造理由，我們學會了在購物中減少壓力，在恐怖片中麻木情緒，在酒精喧鬧中讓自己失憶，在歇斯底里中讓自己忘記。但是，卻為什麼丟掉了最簡單的「微笑」這個武器？

偉大作家高爾基說：「只有愛笑的人，生活才能過得更美好。」其實，笑是一種良好的健身運動，笑是一種最有效的消化劑，笑能增強人體的免疫力、提高機體的抗病能力，笑還是人類長壽的祕密。高爾基早在去世之前，就為人類揭示了笑的真諦。

穿梭於表情麻木的街上，每個人都昂著自己高貴的下巴，用冰涼的墨鏡把人情冷暖拒之千里，以顯示自己

的孤傲和鋒芒。或許在古龍的筆下，還需要一些冷峻孤傲。但在現實的生活中，我們只需要開懷大笑。千萬不要落入所謂「酷女人」或「冷帥哥」的圈套，事實上，這種人的生活真的不會美好。

研究顯示，微笑是人的思想情感的平靜流淌，好似清清的溪水，順勢而來，無梗阻之困，無堵塞之憂，既不是突發亢奮的狂笑，也不是驟然的大笑，心理上輕鬆自如。正像宋代黃升的詞所表達的那樣，「袖手無言味最長」。不帶苦澀，悄悄溢出，絲毫沒有虛偽的嬌柔，也沒有賣弄的造作，是一種真情的釋放，使全身神經官能處於平和美好的狀態。這樣的好心情贏得好精神，身體自然就會健康。

微笑是心靈享受美好的感應，是精神獲取愉悅的表現。能夠生發出快活的生命激素，使人心曠神怡。生活中，任何的憂愁、煩惱、焦躁、鬱悶等，都是健康的無形殺手。倘若一個人完全喪失了快樂的心情，那麼，病魔就將向他走來。他應立即採取措施，選擇新的思維方式，拓寬胸懷，去除不良情緒，撿回歡樂，讓微笑佔據生活的主導，使生命煥發光彩，讓各種病魔就只能望而怯步。

微笑的魅力無限，是其他的笑都無法替代的。在人際交往中，微笑能夠傳遞感情，溝通理解，增進友誼，獲取慰藉。不會微笑的人，也許擁有地位和金錢，卻很難得到內心的寧靜和幸福。

魯迅說：「相逢一笑泯恩仇。」面對虛偽，以粲然微笑去之；碰到邪惡，以淡然微笑拒之；遇見醜陋，以坦然微笑棄之；發現欺詐，以悄然微笑離之。讓微笑永駐臉上，人們就會益發健康；讓微笑常駐人間，世界將會變得更加美好

除了微笑能夠幫助我們減壓，呼氣其實也是一種很好的減壓方式。

許多人都有這樣的體驗：從人的呼吸節奏中，能夠感覺到對方是否生氣、是否正受到傷害、是否困惑，是否憤怒等等情緒。生活中，人總會受到一些消極情緒的影響，這種影響最直接地會表現在臉上，包括表情和言談舉止。消極情緒不僅會損害健康，影響人際關係，久而久之會形成消極的面容表情。消極的面容呆板、生硬、早衰……建議你，當情緒低落或波動時，可以透過呼吸的方式來調整和消除。

呼吸不僅是生存的需要，在國外已開始成為一門科

學和藝術。呼吸與身體或心理有密切關係，人的每一種
情緒都有相應的呼吸模式，如高興、悲傷、發狂、煩躁、
沮喪、如釋重負、愉快、頓悟等。呼吸與週遭事物和體
內組織密切相關。生活中，不同的狀態會有不同的呼吸，
不同的呼吸可引發多種身體感受，調整和採用不同的呼
吸方法，可獲得不同的身體或心理狀態和體驗。

　　利用呼吸改善表情的方法非常簡單，不需要借助
任何用品或工具，只需要營造一兩種適合自己的芳香氣
體。方法為：盡可能地保持愉快的呼吸方式，達到愉快
的體驗和冥想，即「安靜呼吸模式」；一邊以舒適的方
式呼吸，一邊集中注意力，盡可能獲得舒服和愉悅的感
受；這個步驟分兩個階段或三個階段。

　　第一個階段，解除你的憂傷，即「減負呼吸法」，
將你從壓力和憂傷的情緒中解脫出來。

　　第二個階段，不斷將注意力集中在這一體驗上，即
「美妙呼吸法」或「愉悅呼吸法」。

　　第三個階段，回憶美好的體驗，抹掉不快體驗，有
些人需要多次努力才能獲得效果。基本方法運用熟練之
後，你可以有針對性地設定，如解決情緒低落和表情凝
重等問題了。

209

以上方法涉及的一些呼吸技巧，這些技巧包括：安靜呼吸模式、減負呼吸法和愉悅呼吸法。這裡介紹一下這些方法：

安靜呼吸模式：

這種方法是在安靜狀態下進行呼吸，呼吸時可選用一種純正的香氣或想像的香氣伴隨，出現最為深度的安靜效果。這個模式不僅有益於改善你以前或現在所處的不佳狀態，而且也有助於消除情緒上的憂傷和困擾。

減負呼吸法：

這種方法，要想像你穿著一件熱得透不過氣、濕黏且笨重的盔甲，被緊緊地包裹著，擠壓得你喘不過氣來。接著想像，脫掉那套厚實、沉重的盔甲之後，保持卸掉衣服後第一次呼吸所帶來的輕鬆和愜意。在接下來的幾分鐘，每次呼吸都應與卸掉盔甲後的呼吸相同，盡量深入身體，體驗前後的不同感受。

這種透過想像卸掉重負後所採用的呼吸，可以形成恰當的呼吸模式，實現減負的作用。當你可以自如地運用這種模式後，無論你在不快的爭論後，還是在艱難的環境、頭痛或疾病中，都可以找到減負和調整的有效方法。

愉悅呼吸法：

這種方法是回憶花的香味或別的美妙的香氣，如百合花香、檸檬果香、香草的清香以及烤肉等特殊香味等，然後深深地沉浸在令人愉悅的香氣中。

吸氣時，想像彷彿聞到或感覺到了那些的氣味，慢慢地、深深地呼吸，要回味無窮。當你愉悅呼吸時，找出這些氣味源於身體的哪個部位。之後，讓身體感覺到香氣的那個部位「充分地」吸入和吐出香氣，並透過緩慢、深沉的呼吸方式，讓身體整個系統獲得這種非常美妙和有益的香氣。

這一過程需要幾分鐘。透過呼吸調整身心的愉悅度，也叫非自主呼吸。儘管簡單，也需要透過一段時間練習和體驗，才能好好地掌握和應用。

呼吸不應是盲目的，呼吸是有意識的行為，是與身體系統間的橋樑。思想、大腦和身體是一個緊密聯繫的有機體，機體內的每一部分都有相互關聯和影響，同時也受到機體其他部分的影響。透過適當的呼吸方式，相互進行積極的交流，可以有效地改善甚至重新建立新的呼吸功能，對一生的健康產生重要影響。

211

心靈小測驗：你發財慾望有多強

你在做著發財夢嗎？想嫁入豪門還是想中個百萬彩券？「有錢能使鬼推磨」，誰沒點發財的小夢想呢？來看看你的發財慾望到底有多強烈吧！

一個垂暮的老人獨自站在高樓的窗前眺望窗外繁華的街道，你猜他在看什麼呢？

A、熱戀中的情侶

B、停在街道旁的名車

C、路旁高大茂密的樹

D、不停閃爍的紅綠燈

選擇 A：

你發財的慾望本來就不是特別強烈，也許只是停留在想想而已的層面上。因為你太樂觀，所以你把發財夢想得太簡單，把問題考慮得沒那麼複雜，現在你要做的就是把致富的目標定得低一點，切合實際一些。你非常注重人際關係，交了許多朋友，是個標準的樂觀主動的

人，性格開朗、坦誠，不發財也不要緊，朋友也是一筆
珍貴的財富嘛。

選擇 B：

財富是你畢生最大的追求。你是一個拜金主義者，
總是在憧憬和渴望著幸福豪華的生活，你有很好的理財
觀念和能力，是個很有辦法的人，爲達到致富的目的，
甚至不擇手段。

選擇 C：

你總把自己的發財夢控制在最近能夠實現的範圍
內，所以你很少驚喜也很少失望。你是個很現實的人，
總是把目標定得不高不低，容易實現。這種做法是非常
可取的！這最根本的原因是你很誠實，腳踏實地，不張
揚、不武斷，對待上司忠實而認真，你將來會是個不錯
的副手。

選擇 D：

你很少做關於錢財的白日夢。你是個規規矩矩的
人，膽小而懦弱，做事謹慎，你絕對不會想到靠賭博或

者買彩券一夜致富。要你突然發大財很難，但是你可以做一些財會工作。在這方面，你的才能和特長就能發揮出來了，你是依靠高薪致富的人。跟你一起生活會穩中有升，倒是個不錯的考慮對象。

保證休息時間　不要透支健康

　　人一生中有三分之一的時間是在睡眠中度過，五天不睡人可能就會死去。睡眠是生命所必需的過程，是機體復原、整合和鞏固記憶的重要環節，是健康不可缺少的組成部分。

　　據世界衛生組織調查，27％的人有睡眠問題。國際精神衛生組織主辦的全球睡眠和健康計劃於 2001 年發起了一項全球性的活動──將每年的 3 月 21 日，即春季的第一天定爲「世界睡眠日」，2006 年世界睡眠日的主題是「健康睡眠進社區」。可能有人覺得奇怪，這睡眠怎麼還分健康和不健康的，不都是閉上眼睛睡覺嗎？其實，很多人習以爲常的睡眠習慣是不科學的。

　　有些人平時工作很辛苦，有時加班到了凌晨，但第二天還是得六、七點爬起來去上班。睡眠嚴重不足，怎麼辦？週末在家惡補睡眠，睡 20 小時，把平時的都補回來。還有些人今天聽說 8 小時睡眠足夠，明天聽說 7 小時睡眠長壽，到底多少小時睡眠好，自己也搞不清楚。

不過據說充足的睡眠既美容又養顏，那就睡 10 小時。

還有些人晚上一有活動，就會睡覺時興奮得睡不著。所以，他們認為吃完飯就應保持安靜，連一些正常的低運動量活動也拒絕參與。本來白天就在公司裡坐了一天，回家後繼續坐著，坐到睡覺前反而睡不著了。更有些人喜歡熬夜工作，覺得好在公司與家距離甚遠，無論是坐火車，還是坐公車，只要一坐下來就可以打瞌睡，一路睡到公司，也認為這樣的補眠方式，既沒影響工作，又不耽誤睡覺。

其實，以上介紹的這些睡眠習慣都是不正確的。我們每個人每天保證正常的睡眠時間是很重要的，一般成年人應該在 6－9 個小時。比如晚上 10－11 點睡覺，早上 6－7 點起床，這樣可以使人維持一個好的休息時間。

臨睡前的過度運動，會令大腦興奮，不利於提高睡眠質量。但適量的體育運動，能夠促進人的大腦分泌出抑制興奮的物質，促進深度睡眠，迅速緩解疲勞，並從而進入一個良性循環。腦力工作者，一天下來可能都沒什麼活動，而晚飯後的輕微活動反而可以有助睡眠。

睡眠是我們工作的保證，是健康的關鍵。為了保證

深沉睡眠，應該盡量做到早睡早起。雖然很多上班族工作繁忙，但寧可把工作時間提前開始，也不宜推遲結束。晚上 10 點至凌晨 4 點，是最佳睡眠時間，入睡的最晚極限不能超過 11 點。過了 11 點後，人反而會變得興奮，更難入睡。凌晨兩、三點，是熬夜的人感到最睏的時候，而天亮後，人就開始進入淺睡眠期，這時候開始多夢、易醒。

　　有些人喜歡睡「回籠覺」來增加睡眠時間。當然，這不失為補充睡眠不足的一個辦法。要提醒的是，「回籠覺」補充的主要是淺睡眠，效果不如早睡早起獲得的深睡眠更好，寧可早上 5 點起床，也不要到晚上 12 點才睡覺。

　　此外，睡午覺也是個很好的睡眠習慣。以下就為大家來介紹幾種良好的睡眠習慣：

1. 晚上 10 ～ 11 點入睡最佳

　　最佳入睡時間是晚上 10 － 11 點，早上 6 點起床準備上班最合適。但是有睡眠時相綜合症的人，其生活、工作節律與正常社會的節律不相吻合，每天都會損失長短不等的睡眠時間。時間長了，這些人必定睡眠缺乏。

　　睡眠缺乏的人最常見的症狀有：注意力不集中、頭

腦昏沉、處理問題的機敏度下降。長期睡眠不足會使人記憶力減退，影響人體免疫功能，容易感冒，造成胃腸功能紊亂。同時，長期睡眠不足還會對心理有影響，多半會容易情緒不穩，易激動，愛發脾氣。睡眠不足女性臉上出現雀斑，就是內分泌被睡眠不足打亂而引起的。另外，長期失眠還會導致心律紊亂，頻發早搏，但往往查不出器質性病變。

2. 睡眠時間過長也不健康

如果睡眠時間過長，也需要到醫院檢查是否罹患過度嗜睡症及睡眠呼吸暫停症。醫學家指出：「睡眠呼吸暫停症是在低血氧狀態下的一種睡眠，比高原缺氧還嚴重，人體總是處於片斷睡眠狀態。」一方面讓睡眠質量受損，使人在白天好打盹；另一方面也會損害大腦健康。

3. 週末補覺三四個小時也正常

週末適當的補眠，對幫助工作緊張者恢復體力和精力都有好處。睡眠不足的人白天應盡量進行戶外活動和體育鍛鍊，養成良好的睡眠衛生習慣，保持平和心態，不要躺在床上看電視、看書報和想事情，以免侵犯睡眠時間。失眠的人，對於安眠藥也不用「談虎色變」，合理使用未嘗不可。

月有陰晴圓缺，我們的身體也一樣，就像一個小小星球，一天之中隨 12 個時辰、一月之中隨日月盈虧、一年之中隨 24 節氣而潮動。中醫對這一套體系稱爲「時間醫學」，是說我們身體呼應著日月的運轉，各器官在依序此消彼長，起承轉合。如果我們順應了身體的生物鐘規律，拾遺補缺，身體就能被調校到最佳狀態。

一天之中，每個時辰都有一個臟器主持，那就是最活躍的時段。隨時間消逝，會逐漸減弱到低谷，即薄弱期，如此循環往復。

我們可以根據這些臟器的運作時間來調理自己的睡眠，這樣就能達到事半功倍的效果。

凌晨 1～3 時：

這是肝最強的時間，我們能做的就是睡眠，讓肝臟創造一個良好的工作環境。肝臟最弱的時間是 13～17 時。所以建議把辛苦工作盡量堆在上午。肝怕勞累，雖然一天中任何時候都應該注意休息，但 13～17 時這段時間更重要。如果必須工作，肝臟在體表開竅於眼睛，至少每隔一小時讓眼睛休息 5 分鐘。

有以下症狀者，最需要養肝：眩暈、情緒易激動、煩躁不寧、性情抑鬱沉悶、睡眠多夢，同時可能會胸肋

隱痛、月經不調。

凌晨 5～7 時：

這是腎最強的時間，腎臟最脆弱的時間是 23 時～凌晨 1 時。建議早睡，養養精神，別在男人最虛弱的時候一再刺激。

有以下症狀者，最需要養腎：頭暈耳鳴、記憶力減退、性功能衰弱、手足軟、腰膝痠軟、易感風寒、不孕、早產。

7～9 時：

這是肺最強的時間，有什麼運動最好放在這時做？在肺最有力的時候做有氧運動，例如慢跑，能強健肺功能。肺最脆弱的時間是 21～23 時。肺臟通常在此時示弱，我們晚上咳嗽得更厲害些，建議晚飯後口中含一片梨，到睡前刷牙時吐掉。

有以下症狀者，最需要養肺：呼吸微弱、語音低微、呼吸急促、胸悶、咳嗽、喘息。

9～11 時：

這是脾最強的時間，脾弱的人可以把午飯時間提前到 11 時，因為此時脾臟的氣最旺，消化食物、吸收營養最有力。脾最脆弱的時間是 19～23 時，建議晚飯一小

時後吃一個水果，甘味可以健脾。

有以下症狀者，最需要養脾：腹脹、腹瀉、倦怠、遺精、白帶多、氣短、懶言、韌帶和肌肉鬆弛。

11～13時：

這是心最強的時間，有需要耗神思考的工作，可以利用中午，此時心力最強。心最弱的時間是21時～凌晨1時。所以心臟先天較弱的人宜早睡不宜熬夜，建議睡前喝一杯胡蘿蔔汁或番茄汁，紅色食物能養心。

有以下症狀者，最需要養心：心悸、胸悶、失眠、健忘、神志不寧、煩躁，甚至心前區劇烈疼痛。

總之，良好的睡眠是我們健康的保證。如果沒有良好的睡眠，就是在透支我們的身體，身體是心靈的最終依托，增強體能可以緩解壓力，所以，要想讓心靈減壓，就要從我們的身體開始。體能的增強讓我們精力充沛，充滿活力。這樣的狀態，更容易抗擊壓力。所以，從現在開始注重自己的身體，讓自己做一個健康的上班族吧！

心靈小測驗：用餐姿態測你的性格

你拿筷子的方式是：

Ａ、小指與無名指都使勁彎曲

Ｂ、小指翹起來

Ｃ、用食指支撐筷子活動

Ａ：中規中矩，做事有原則，有責任感。

穩定成熟，身體狀況也不錯。一旦決定做某事，就設法做好，使人感到你是可信賴的，而肯把重任交給你。

Ｂ：這種姿勢顯示你身體較虛弱，性格焦躁、情緒波動大。

易產生過敏反應，是個神經質的人。但是你擁有不錯的潛質，一旦有機會發展將有不錯的成績。

Ｃ：拿筷子的姿勢說明你較為任性，偏愛文化藝術，執著自己的理想。

有不達目的不罷休的堅韌毅力，所以成功往往青睞你這樣的人。

▶ 讀品文化-讀者回函卡

■ 謝謝您購買本書，請詳細填寫本卡各欄後寄回，我們每月將抽選一百名回函讀者寄出精美禮物，並享有生日當月購書優惠！
想知道更多更即時的消息，請搜尋 "永續圖書粉絲團"

■ 您也可以使用傳真或是掃描圖檔寄回公司信箱，謝謝。
傳真電話：(02) 8647-3660　　信箱：yungjiuh@ms45.hinet.net

◆ 姓名：　　　　　　　　　　　□男　□女　　　□單身　□已婚

◆ 生日：　　　　　　　　　　　□非會員　　　□已是會員

◆ E-Mail：　　　　　　　　　　電話：(　)

◆ 地址：

◆ 學歷：□高中及以下　□專科或大學　□研究所以上　□其他

◆ 職業：□學生　□資訊　□製造　□行銷　□服務　□金融

□傳播　□公教　□軍警　□自由　□家管　□其他

◆ 閱讀嗜好：□兩性　□心理　□勵志　□傳記　□文學　□健康

□財經　□企管　□行銷　□休閒　□小說　□其他

◆ 您平均一年購書：□ 5本以下　□ 6～10本　□ 11～20本

□ 21～30本以下　□ 30本以上

◆ 購買此書的金額：

◆ 購自：　　　　　　市(縣)

□連鎖書店　□一般書局　□量販店　□超商　□書展

□郵購　□網路訂購　□其他

◆ 您購買此書的原因：□書名　□作者　□內容　□封面

□版面設計　□其他

◆ 建議改進：□內容　□封面　□版面設計　□其他

您的建議：

221-03
新北市汐止區大同路三段 194 號 9 樓之 1

讀品文化事業有限公司　收

電話/(02) 8647-3663　　傳真/(02) 8647-3660
劃撥帳號/18669219　　永續圖書有限公司

請沿此虛線對折免貼郵票或以傳真、掃描方式寄回本公司，謝謝！

讀好書品嘗人生的美味

不藥而癒的抒壓靜心術